지금, 전쟁

일러두기

이 책은 2024년 말에 쓴 원고를 바탕으로 출간되어, 책에 나온 내용이 최근의
정보와 다를 수 있습니다.

십대톡톡_07
지금, 전쟁

펴낸날 초판 1쇄 2025년 5월 16일

글 하영식
편집 이정아 | **디자인** 캠프 | **홍보마케팅** 이귀애 이민정 | **관리** 최지은 강민정
펴낸이 최진 | **펴낸곳** 천개의바람 | **등록** 제406-2011-000013호
주소 서울시 영등포구 양평로 157, 1406호
전화 02-6953-5243(영업), 070-4837-0995(편집) | **팩스** 031-622-9413

ⓒ **하영식, 2025** | **ISBN** 979-11-6573-629-3 43300

지금, 전쟁

러시아 × 우크라이나   이스라엘 × 팔레스타인

하영식 글

머리말

"내가 왜 푸틴 때문에 난민이 돼야 하나!"

절규하던 우크라이나 여인, 폐허가 된 집터에서 가족들의 시체를 안고 울부짖는 팔레스타인 사람들, 이것이 전쟁의 모습이다. 전쟁을 치르는 국민들의 일상생활은 지옥으로 추락한다. 전기와 수도가 끊기고 상점은 문을 닫아버리고, 삶을 영위할 식품과 필수품을 구입하기 어려워지면서 범죄가 일상화하고, 불안과 공포가 지배하는 삶으로 바뀐다. 다른 나라로 가서 난민이되어 보이지 않는 차별과 멸시를 견디며 살아야 한다.

전쟁이 일어나는 가장 중요한 원인 중 하나로 나쁜 지도자를 꼽을 수 있다. 모든 전쟁은 피할 수 있지만 자신의 욕망을 충족시키기 위해 버튼을 누른다. 전쟁이 벌어지는 동안 선거는 사라지고 합법적으로 독재하며 권력을 휘두르게 된다. 러시아의 푸틴과 우크라이나의 젤렌스키, 이스라엘의 네타냐후는 아직도 건재한 모습이다. 이들의 모습은 다른 국가의 지도자들에게 달콤한 유혹이 아닐 수 없다.

가자 지구에서 압도적인 군사력으로 자행되는 이스라엘의 일방적인 학살과 파괴, 이에 대응한 팔레스타인을 지지하는 대대적인 시위가 지금 세계의 모습이다. 시위에 참여한 외국인들을 체포하고 구금하고 추방하는 일이 미국의 대학 캠퍼스 내에서 공공연하게 벌어지고 있다.

우크라이나 전쟁의 종전 문제에서 유럽과 미국의 결별, 유럽의 독자적 군대의 창설은 나토의 붕괴로 이어지고 제2차 세계 대전 이후 수립된 세계 질서도 붕괴하고 있다. 그리고 미국과 중국의 무역전쟁은 곧 총알과 포탄으로 대체될 전망이다. 미국과 중국의 전쟁은 아시아 전체, 특히 한반도까지 전쟁의 소용돌이로 끌어들일 수 있다.

그럼에도 인류는 전쟁을 반대하고 평화를 원하고 있기에 여전히 희망은 남아 있다! 인류의 한 일원으로서 최소한의 저항으로 글을 마치려 한다. 우크라이나 전쟁의 중단과 전쟁이라는 이름으로 가자 지구에서 벌어지는 이스라엘의 팔레스타인 사람들에 대한 학살 중단을 요구한다. 전쟁을 위한 무기 생산과 거래를 중단할 것을 요구한다. 인류는 전쟁 없이도 잘 살 수 있으며, 평화롭고 행복하게 살 권리가 있다는 사실을 알려주고 싶다.

차례

2

이스라엘 팔레스타인 전쟁

에필로그

제1차 세계대전

1914년 6월 28일, 세르비아 민족주의 청년이 오스트리아 황태자를 암살했다. 세르비아 민족주의 청년들은 오스트리아-헝가리 제국의 지배에 있던 보스니아-헤르체고비나를 해방시켜 세르비아로 합치기를 원했다. 이에 오스트리아 황제 자리를 이어받을 황태자 부부가 보스니아의 수도 사라예보를 방문하자, 암살을 감행한 것이다. 한 세르비아 민족주의 청년이 황태자 부부가 탄 자동차에 폭탄을 던졌고, 이로 인해 많은 인명 피해가 발생했다.

　이 사건은 유럽을 전쟁으로 몰아갔다. 독일의 지원을 받은 오스트리아가 7월 28일에 세르비아에 공식적으로 선전 포고했다. 이에 러시아가 세르비아에 대한 지원을 선언하면서 전쟁에 끼어들었다. 독일은 8월 1일, 프랑스는 8월 3일에 각각 전쟁을 선포했다. 곧이어 영국과 이탈리아가 참전했고, 몇 년 뒤에는 미국과 일본이 연합국으로 전쟁에 참전했다. 미국, 영국, 프랑스, 러시아 등의 연합국에 맞서 독일, 오스트리아-헝가리 제국, 불가리아, 오스만 제국은 동맹국을 만들었다. 1914년부터 1918년까지 벌어진 제1차 세계대전은 연합국과 동맹국이 양측으로 나뉘어 싸운 전쟁이었다.

전쟁은 연합국이 동맹국을 물리치면서 끝났다. 1919년 6월 28일, 오스트리아 황태자가 암살당한 지 정확하게 5년 만에 '베르사유 조약'에 서명하면서 전쟁이 끝이 났다. 베르사유 조약에 따라 패전국인 오스만 제국은 분할됐으며, 오스트리아-헝가리 제국은 해체됐다. 독일의 식민지와 영토는 다른 나라가 차지했다. 승전국이었던 러시아는 1917년 두 차례의 '러시아 혁명'을 겪으면서 최초의 사회주의 국가, '소비에트 연방(소련)' 이 되었다.

무엇보다도 제1차 세계대전 뒤에 수많은 국가가 독립하거나 만들어지면서 민족주의가 거세게 일어났다. 이로 인해 독일의 바이마르 공화국, 폴란드, 유고슬라비아, 리투아니아, 에스토니아, 라트비아, 오스트리아, 헝가리, 체코슬로바키아, 튀르키예가

제1차 세계대전의 서부 전선. 프랑스 동북부 지역에서 독일군과 연합군이 싸웠다.
제1차 세계대전은 참호를 파고 안에 숨어 있다가 적이 나타나면 공격하는 참호전이
두드러졌다.

새롭게 세워졌다. 유럽 대륙에서 많은 신생 독립 국가들이 만들어지고, 패전국인 동맹국들의 영토가 작아지면서 유럽의 지도는 대대적으로 변했다.

중동 지역을 지배하던 오스만 제국이 붕괴하면서 이라크, 시리아, 레바논, 요르단 등의 국가가 새롭게 만들어졌다. 또한 영국과 프랑스가 함께 중동 지역의 국경선을 다시 그리면서 중동의 지도가 완전히 바뀌었다. 오스만 제국이 지배하던 '팔레스타인'은 영국이 차지했고, 레바논은 프랑스가 신탁 통치를 하게 되었다.

당시 연합국에 참여했던 일본은 베르사유 조약에 따라 중국 산둥성의 칭다오를 비롯한 독일의 조계지를 지배하게 되었다. 물론 중국이 강력하게 항의했지만 소용없었다. 조선에서는 김규식을 비롯한 대표단이 파리에 머물면서 조선의 독립을 청원했지만, 일본의 강력한 방해와 더불어, 영국과 미국의 위선적인 태도로 인해 아무런 성과도 없이 파리를 떠나야 했다.

제1차 세계대전을 치르면서 유럽 대륙은 물적으로 인적으로 엄청난 피해를 입었다. 대략적인 통계를 보더라도 참전 군인 사망자가 거의 천만 명에 이르렀다. 상당히 축소된 발표였으나, 민간인 사망자는 대략적으로 2천만 명이 넘었다.

제2차 세계대전

제1차 세계대전을 마무리하면서 맺어진 '베르사유 조약'은 패전국이 따르기에 힘든 조건이 많았다. 이로 인해 독일 경제는 완전히 붕괴되었고, 결국 조약을 이행할 수 없는 상황에 이르렀다. 전쟁의 폐해와 1920년대에 닥친 경제 위기로 유럽에서는 공격적이고 극단적인 민족주의가 떠오르기 시작했다. 독일에서는 히틀러의 나치즘이 일어났으며, 독일 국민들은 이에 동조하기 시작했다.

히틀러의 나치당은 1932년 총선에서 1위를 차지했으며, 1933년에 치렀던 재선거에서는 거의 과반수에 가까운 의석을 차지하면서 권력을 쥐었다. 권력을 차지한 나치당은 독일 국민들을 보호한다는 명목으로 비상 법률을 제정해서 반대 세력을 체포하기 시작했다. 약 4천 명의 인사들이 구속되면서 독일 전역은 공포에 휩싸였다. 또한 유대인의 권리를 박탈하는 법률을 제정했고, 1938년에 들어서는 유대인을 향한 살인과 폭력, 재산 강탈을 제멋대로 저질렀다.

결국 독일 나치당은 1938년에 오스트리아와 체코슬로바키아를 일부 합병하면서 세계대전의 시작을 알렸다. 1939년 9월 1일, 독일이 폴란드를 침공하면서 제2차 세계대전이 시작되었

역사상 가장 큰 인명 피해와 재산 피해를 낳은 제2차 세계대전.

다. 한편 아시아에서는 일본이 영향력을 확대하고 자원을 수탈하기 위해 1937년 중국을 침략했다.

제2차 세계대전은 독일, 이탈리아, 일본을 중심으로 한 추축국과 영국, 프랑스, 러시아, 미국, 소련 등을 중심으로 한 연합국이 1939년부터 1945년까지 벌인 세계 규모의 전쟁이다. 연합국이 승리했지만, 역사상 가장 큰 인명 피해와 재산 피해를 낳은 전쟁이다.

제2차 세계대전으로 정확하지 않지만 거의 8000만 명이 사망했다고 한다. 가장 큰 인명 피해를 본 소련에서는 2700만 명의 군인과 민간인이 사망했다. 중국에서는 2000만 명이 죽은 것으로 집계됐다. 유럽 대륙 전체에서는 5000만 명 가까이 사망했다. 또한 전쟁으로 인해 굶거나 전염병에 걸려 죽은 인구만 해도 수천만 명이 되는 것으로 알려졌다.

제2차 세계대전이 끝나면서 영국과 프랑스는 힘이 약해졌다. 대신에 미국이 서방 세계를 대표하는 나라로 서게 됐다. 이와 더불어 소련이 공산주의를 대표하는 나라로 자리를 굳혔고, 곧이어 중국도 공산주의 국가가 되면서, 유럽의 동부 지역은 대부분 소련의 영향력 아래로 들어갔다. 미국과 소련으로 대표되는 '냉전 체제'의 수립이 제2차 세계대전의 가장 눈에 띄는 결과물이었다.

러시아 ✦1✦
우크라이나
전쟁

벨라루스

폴란드

키이우

● 체르니히우

러시아

리비우

우크라이나

보리스필
국제공항

하리코프

드니프로강

루간스크

도네츠크

돈바스
지역

크라마토르스크

몰도바

오데사

마리우폴

베르댠스크

아조프해

루마니아

크림반도

흑해

전쟁의 시작으로 멈춰버린 삶

2022년 2월 24일, 러시아가 우크라이나를 침략했다.

"왜 내가 푸틴 때문에 난민이 되어야 합니까!"

　어린 딸과 함께 국경을 넘어 피난을 가던 어느 우크라이나인
이 울부짖었다. 이들은 유럽 어딘가에서 난민이 되어 힘든 삶을
이어가고 있을 것이다. 이들은 다시는 이전의 삶을 회복하긴 힘
들 것이다.
　전쟁은 한 연약한 자연인을 바닷가의 모래알처럼 정말로 아
무것도 아닌 존재로 만들어버렸다. 전쟁이 일어나면 세상은 자

마리우폴에서 탈출하려고 기차를 기다리는 우크라이나 사람들. (2022년 3월 24일)

신의 의지와는 상관없이 자신이 원하는 삶과는 완전히 다르게 흘러간다. 자신이 잘못하지 않았는데도 인생 자체가 송두리째 무너져 버리고 다른 길로 들어서 버린다. 전쟁으로 인해 미래는 불투명해졌고 아무런 계획도 세울 수 없게 되었다. 전쟁은 우크라이나인들뿐만 아니라 러시아인들까지도 난민으로 만들어 버렸다. 물론 지금도 우크라이나의 수도 키이우에서 공습을 피하며 삶을 살아가는 사람들도 있지만 이전의 삶을 그대로 살아가기는 어렵다.

전쟁이 시작되면 삶의 시계는 완전히 멈춰버린다. 하루아침에 전기와 수도가 끊기고 통신이 막히고 대중교통 수단이 멈춘다. 일상적인 삶이 중단되는 것이다. 이 순간은 갑자기 찾아온다. 미사일과 폭탄을 맞아 집과 살림살이가 날아가 버리고 가족들이 부상당하거나 희생당하기도 한다. 아침이면 고요히 앉아서 커피를 앞에 두고 신문을 보거나 낯익은 친구들과 눈인사를 건네며 하루를 시작하던 카페가 갑자기 폭격을 받아 사라져 버린다. 다음 날부터 많은 사람들은 아침에 눈을 뜬 뒤, 더 이상 갈 곳이 없어진다. 이들에게 잠시의 평온과 행복을 제공해 줬던 아침의 장소는 더 이상 존재하지 않는다. 어떤 이들에겐 중요한 삶의 의미였던 이 카페가 더 이상 존재하지 않는다. 이것은 전쟁이 가져오는 비참하고 끔찍한 재앙의 일부일 뿐이다.

러시아의 침공으로 우크라이나 사람들의 삶은 완전히 멈춰버렸다. 전쟁이 일어난 지 3년이 다 되어가지만, 지금도 여전히 전쟁 중이다. 전쟁이 끝날 기미는 전혀 보이지 않는다. 미사일과 드론 폭탄 공격으로 건물이 파괴되고, 사람들이 죽거나 부상당하고 있다. 이제 우크라이나는 더 이상 전쟁 전으로 되돌아갈 수 없다.

인류는 언제나 전쟁과 함께였다

프랑스의 철학자 몽테스키외는 말했다.

"전쟁으로 설립된 제국은 전쟁으로 유지된다."

인류의 역사를 되돌아보면 납득이 간다. 전쟁으로 건설된 '로마 제국'은 잠시도 전쟁이 그치지 않았다. 역사상 가장 큰 영토를 정복했던 '몽골 제국'도 영토의 어느 지역에서는 언제나 전쟁이 벌어지고 있었다. 해가 지지 않는 나라라며 으스댔던 '대영 제국' 또한 해가 지지 않는 커다란 영토의 일부에서 항상 전쟁이 벌어지고 있었다. 대영 제국에는 '전쟁부'라는 부서가 있었는데, 1964년에 '국방부'로 명칭이 바뀌었다. 영국뿐만 아니라 대부분의 국가들이 전쟁을 담당하는 부서를 방어한다는 의미의 '국방부'로 일컫고 있다. 하지만 과연 국방부라는 조직이 전쟁을 방어할 수 있을까?

인류의 역사는 전쟁의 역사이다. 강한 국가가 약한 국가를 침략하고 파괴하고 학살한 역사였으며, 지금도 반복되고 있다. 문명이 발달하고 인간의 지적 능력이 높아져도 본질은 하나도 변하지 않았다. 우크라이나는 독립 국가이며 주권이 존중받아야 하는 국가임에도 러시아에 비해 상대적으로 약하기 때문에 침략당했다. 인류 역사상 유명한 사상가들이 전쟁에 대해 한 마디씩 남겼지만 분명한 답은 주지 못했다. 공자가 살았던 당시 중국은 춘추 전국 시대로 전쟁의 시대였다. 소크라테스가 살았던 당시 아테네도 전쟁 중이었다. 인류는 언제나 전쟁과 함께 살아왔다.

페허로 변해 버린 마리우폴

러시아가 우크라이나를 침공하여 우크라이나의 대학, 학교, 교회, 극장, 박물관, 도서관, 공연장, 문화 센터 등 수많은 시설들이 파괴되었다. 파괴된 수많은 희귀 자료와 역사적인 유산들은 영원히 복원될 수 없다. 영원히 인류의 곁을 떠나버렸다.

러시아가 우크라이나를 침공했을 당시 많은 우크라이나 사람들은 자발적으로 총을 들었다. 러시아에 대한 결사 항전을 외쳤다. 그렇지만 모든 우크라이나인이 그런 것은 아니었다. 우크라이나 사람들 중에는 러시아와 적당히 타협하여 평화적인 해

러시아의 폭격으로 파괴된 우크라이나 마리우폴 거리. (2022년 3월 12일)

결을 원하는 사람들도 있었다.

"러시아가 침공했던 날, 우크라이나가 포기하고 항복했더라면 누구도 피해를 보지 않았을 것이다. 괜히 저항한다고 싸우는 바람에 우리의 삶이 파괴돼 버렸다."

마리우폴에 사는 어느 시민의 말에서 고통당하는 우크라이나인의 심정을 느낄 수 있다.

마리우폴은 러시아가 침공하면서 주요 전쟁터가 되었다. 러시아가 침공하던 날인 2022년 2월 24일부터 5월 20일까지 마리우폴은 가장 큰 격전지였다. 인구 40만의 아름다움을 뽐냈던 항구 도시 마리우폴은 폐허로 변했다. 마리우폴은 러시아나 우크라이나 모두에게 전략적 요충지여서 쉽게 포기할 수 없는 곳이다. 러시아는 여러 방면에서 우크라이나로 침공하면서 남쪽에서는 마리우폴로 침공해 들어왔다. 러시아는 도시 전체에 포격과 공습을 가해 완전히 폐허로 만들었다. 당시 상황은 그야말로 지옥이라 할 수 있었다. 어린이와 임산부를 치료하는 병원이 파괴되었고, 민간인들이 대피했던 극장이 폭파되어 전 세계가 충격에 빠졌다. 도시 전체의 95%에 달하는 빌딩들이 파괴되었고, 인명 피해도 엄청났다. 사망하거나 실종된 숫자는 정확하

아조우스탈 제철소에서 포로가 되어 끌려가는 우크라이나 군인들. (2022년 5월 18일)

게 파악되지 않았다. 우크라이나 정부에서는 2만 명의 시민들
이 사망했다고 발표했으나, 유엔에서는 사망자 수가 1348명이
나 이보다 수천 명은 더 많을 것이라고 발표했다. 유럽연합(EU)
은 러시아가 '대규모의 전쟁 범죄'를 저질렀다고 비난했다.

　당시 마리우폴의 최대 격전지는 '아조우스탈 제철소'였다.
러시아군에 포위되어 공급망이 끊어진 상태에서도 거의 4천 명
의 우크라이나군이 이곳에서 항전을 벌였다. 우크라이나군은

생필품을 헬리콥터로 받으며 버텼지만, 5월 20일 끝내 항복했다. 항복한 우크라이나군은 전쟁 포로가 되어 러시아가 통제하는 우크라이나 동부 지역이나 러시아로 끌려갔다. 아직까지 끌려간 전쟁 포로들이 모두 석방되지는 않았다. 마리우폴은 현재 러시아가 점령한 상태이다.

폭격이 퍼부었던 곳, 나는 그곳에 있었다

미콜라 오시첸코 이야기▶

비행기가 폭탄을 퍼부었을 때, 나는 내가 있는 건물이 폭격을 맞았다고 생각했다. 엄청난 소리에 바로 몸을 숙였다. 하지만 공습을 당한 곳은 어린이 병원이었다. 병원은 내가 일하는 빌딩에서 500미터 떨어져 있었다. 러시아는 폭격한 병원에 어린이나 산모가 없었다고 했지만, 사실은 많은 어린이와 산모가 있었다.

우리 건물의 온도는 바깥과 다르지 않았다. 영하 6도나 7도를 가리키고 있었다. 우리는 모두 지하실에서 잤다. 지하가 그나마 따뜻한 곳이었기 때문이다. 바닥에 매트리스와 쿠션을 깔고 아이들을 그 위에 눕혔다. 아이들은 하루 종일 잠을 잤다. 어린아이들은 어머니들과 함께 누워 있었고, 할아버지들은 의자에 앉아 잤으며, 젊은 사람들은 그냥 계단에서 잤다.

우리는 건물 앞에서 음식을 조리했지만 마른 나무가 충분하지 않았다. 그래서 폭격을 맞은 학교의 창틀과 건축 자재를 장작으로 사용했다.

폐허가 된 삶의 터전을 뒤로 하고 피난길을 나서는 마리우폴 주민들. (2022년 4월 1일)

언제든지 폭탄이 날아올 수 있었기 때문에 장작으로 뗄 만한 것을
찾아다니는 일은 위험했다. 마실 물이 충분하지 않았고, 그나마 물을
얻으려면 오랫동안 줄을 서서 기다려야 했다. 급기야 사람들은 파괴된
건물의 난방 시스템에서 물을 뽑아내어, 이 물을 끓여 마셨다.
어느 날 밤, 눈이 내렸다. 우리는 어린아이처럼 뛸 듯이 기뻐했다. 우리는 눈을 양동이에 모아 녹여서 사용했다. 우리가 도시를 떠날 때, 온전한 건물은 하나도 보이지 않았다. 부서진 창문들과 파괴된 벽들만 보였다. 지붕과 꼭대기 층이 전혀 남지 않은 건물들도 있었다. 사방에는 여자, 남자, 아이들의 시체가 놓여 있었다. 우리는 차 안에서 아이들이 이 모습을 보지 못하게 하려고 노력했다. 너무나 끔찍했다.

나탈리아 코리야지나 이야기

당시에는 폭격이 적었기 때문에 배낭만 챙겨 마리우폴의 칼미우스강 왼쪽 강둑에서 도심의 어느 건물로 향했다. 79세의 엄마는 나와 함께 가고 싶어 하지 않았다. 내가 눈물로 애원하고 냉정하게 경고해도 엄마의 마음을 바꿀 수 없었다. 나는 엄마에게 다음 날 데리러 오겠다고 말하고 떠날 수밖에 없었다. 내가 떠난 지 불과 한 시간 만에 학교 하나와 인근 건물 두 채가 폭격당했다.

도시의 위험한 지역에 집이 있는 동료와 가족들은 피난민 센터에 머물고 있었다. 우리는 여섯 명의 자녀를 포함하여 16명이었다. 우리는 지하에 매트를 깔고, 하루 대부분을 지하실에서 보냈다. 공습 사이렌이 자주 울렸다.

다음 날, 나는 엄마를 데리러 갈 수 없었다. 간신히 엄마에게 전화할 수 있었고, 엄마는 도리어 나를 진정시켰다. 엄마는 말했다.

"물과 음식이 있으니 괜찮아. 전쟁은 영원히 지속되지 않을 거야."

그러나 그것이 내가 엄마에게 들은 마지막 말이었다.

도시 주변으로 포위 공격이 심해지면서 전기, 수도, 가스가 중단되었다. 상점은 이미 오래전에 문을 닫았고, 화재가 발생했고 약탈도 일어났다. 우리는 밖에서 불을 때서 음식을 조리해야 했다. 조리하던 중에 갑자기 우리 건물이 사방에서 폭격을 받았다. 모든 창문과 지붕이 파괴되었고 건물이 너무 흔들려서 무너질 것 같았다. 다행히 지하실은 버텼다. 1층의 온도는 섭씨 1도에서 2도였고 지하실은 4도에서 5도였다. 그러나 최악은 물 부족이었다. 눈이 두 번 내린 덕분에 두 개의 욕조에 눈을 채울 수 있었다. 우리는 운이 좋았다.

우리는 떠나기로 결정했다. 우리가 차에 짐을 싣고 있을 때, 다시 폭격이 시작되었다. 금속 파편이 울타리를 향해 날아갔다. 우리는 12시에 마리우폴을 떠났다. 사방에 펼쳐진 폐허와 타오르는 불을 보았다. 우리는 오후 9시경에 베르댠스크에 도착하여 학교에서 밤을 보냈다. 다음 날 우리는 차를 타고 이동했다. 호송 차에는 많은 아이들이 있었다. 사방에 불발탄이 있었기 때문에 모두가 조심스럽게 운전했다. 자포리자 근처의 폭파된 다리 앞에서 엄청나게 많은 차들이 멈춰 있었다. 우리는 좁은 우회로를 통과했지만, 한 시간 뒤에 다른 호송 차량은 공격을 받아 사상자가 발생했다고 들었다. 우리는 오후 7시경에 드니프로에 도착했다.

올렉산드르 스코로보하트코 이야기

더 이상 음식과 약이 들어오지 않자 사람들은 공포에 질리기 시작했다. 나도 말로만 들어봤을 뿐 이런 재난은 처음 경험했다. 누나와 나는

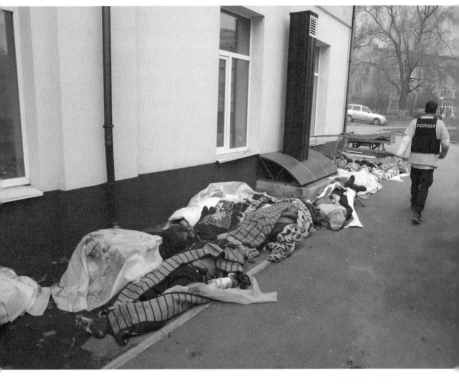

러시아군 폭격으로 사망한 사람들 시신이 마리우폴의 어느 병원 밖에 방치되어 있다.
(2022년 3월 17일)

친척들과 함께 지냈다. 우리는 복도의 바닥에서 잤다. 더 안전하다고
느꼈기 때문이다. 어떻게든 우리는 폭격과 식량 부족에 적응해야 했다.
이웃 건물은 이미 파괴되었다. 우리는 이웃들과 많은 시간을 보냈고,
조리를 하려고 불을 피웠다. 다들 별 희망 없이, 그저 도시에 머무는 게 더

안전하다고 생각했다.

라디오에서 500대의 호송 차량이 자포리자에 도착했다는 소식을 들었을 때, 처음에는 믿기 어려웠다. 그러나 다음 날 지인이 와서 차량 호송대가 왔다고 알려줬다. 우리는 망설이지 않고 차를 타고 자포리자로 떠났다. 우리는 직감적으로 옆길을 택했다. 5킬로미터 내지 10킬로미터 벗어나자 마침내 조용해졌다. 우리가 자포리자에 도착했을 때 비로소 마리우폴을 떠났음을 느낄 수 있었다.

나는 자녀가 있는 친구들과 가족들에게 미리 경고하지 않은 것을 내내 후회했다. 결국 나는 그들을 데려오기로 결심했다. 그러나 마리우폴로 가던 중 '도네츠크 인민 공화국' 병사들에게 차를 빼앗겼다. 나는 걸어서 돌아와야 했다. 다행히 지나는 마을에서 도움을 받아 자고 먹을 수 있었다. 아침에 몇몇 좋은 사람들이 나를 자포리자로 데려다 주었다. 나는 이들을 평생 기억할 것이다.

현재 많은 자원봉사자가 마리우폴에 도착하고 있다. 어느 누구도 다른 이의 안전을 보장할 수 없으며, 살아 돌아갈 수 있을지 장담할 수 없다. 그럼에도 불구하고 나는 여전히 친척들을 안전한 마을로 데려갈 방법을 찾고 있다.

유럽연합이냐, 유라시아경제연합이냐

러시아 우크라이나 전쟁은 사실 어제오늘 일이 아니다. 시간을 거슬러 올라가면 1991년, 소비에트 연방이 해체되면서 우크라이나가 독립했고, 갈등은 이때부터 시작되었다. 갈등의 핵심은 우크라이나의 독립적 행보를 러시아가 제재하는 데 있다. 러시아는 흑해를 접한 유일한 국가인 우크라이나가 반기를 들자 국제적인 여론을 거스르는 모험을 했다. 크림반도를 재빨리 합병한 것이다. 러시아로서는 이 방법 외에는 흑해로 진출할 다른 방도가 없었기 때문이다.

러시아는 2015년 1월에, 유라시아경제연합(EAEU)을 출범시켰다. 붕괴된 소비에트 연방의 재건을 위해 구소비에트 국가들을 중심으로 '유럽연합'과 같은 경제 공동체 블록을 만들기 위

📍 **소비에트 연방**
소비에트 사회주의 공화국 연방(소련)은 1922년 러시아를 중심으로 우크라이나, 벨라루스, 카자흐스탄 등 여러 나라가 모여 사회주의를 바탕으로 이룬 큰 연방 국가였다. 1991년 해체되어, 러시아를 포함한 여러 나라로 나뉘었다.

2014년 3월 18일, 크림반도 합병 조약에 서명하는 블라디미르 푸틴 러시아 대통령(오른쪽에서 두 번째).

해서였다. 현재까지 유라시아경제연합에 가입한 나라는 러시아, 카자흐스탄, 벨라루스, 아르메니아, 키르기스스탄으로 5개국이다.

그러나 유라시아경제연합에 구소비에트 국가들 중에서 정

📍 크림반도와 흑해

크림반도는 우크라이나 남쪽에 있는 반도로, 흑해와 맞닿아 전략적으로 중요한 땅이다. 흑해는 러시아와 주변 국가들이 지중해로 진출하기 위해 통로 역할을 하는 중요한 바다다. 크림반도는 러시아 영토였다가 1954년에 우크라이나 땅이 되었다. 그러나 러시아계 주민이 많아 러시아와 유대가 강했다. 2014년 3월, 러시아가 강제로 크림반도를 합병하면서 다시 러시아 땅이 되었다. 러시아는 크림반도를 전략적 요충지로 삼아 흑해에서 군사적 영향력을 확대하고 있다.

치적, 경제적으로 가장 핵심 국가로 꼽히는 우크라이나가 빠졌다. 우크라이나는 유럽연합과 유라시아경제연합 사이에서 한쪽을 선택해야만 하는 갈림길에서 동서로 의견이 갈렸다. 키이우를 비롯한 우크라이나 서부 지역은 유럽연합을 선택했고, 동

부 지역은 유라시아경제연합을 선택한 것이다. 우크라이나가 없는 유라시아경제연합은 앙꼬 없는 찐빵이었다.

러시아가 이토록 우크라이나를 신경 쓰는 또 다른 이유는 바로 미국 때문이다. 사실 미국과 유럽연합은 소비에트 연방이 붕괴한 시점부터 우크라이나를 지원해 왔다. 세계에서 러시아의 영향력을 차단하기 위해서였다. 미국과 유럽연합은 러시아 우크라이나 전쟁이 진행되고 있는 지금도 여전히 우크라이나를 지원하고 있다. 결론적으로 미국과 유럽연합이 우크라이나까지 간섭하면서 핵무장 국가인 러시아와 대치하는 위험한 상황까지 치달은 것이다.

대륙간 탄도 미사일과 핵폭탄을 수천 기씩 보유한 국가들끼리 충돌하면 모두 멸망한다는 사실을 누구나 잘 알고 있다. 그럼에도 미국과 유럽은 러시아의 목줄을 죄면서 계속 압박을 가하고 있다.

미국은 우크라이나의 나토 가입을 지지한다

2008년 4월 3일, 루마니아의 수도 부쿠레슈티에서 나토NA-TO(북대서양조약기구) 정상 회의가 열렸다. 미국의 부시 대통령을 비롯한 서방 세계의 지도자들이 모두 모였고, 심지어 러시아의 푸틴 대통령까지 초청받았다. 그런데 이 자리에서 미국은 러시아를 분노하게 만들었다. 조지 부시 대통령이 공개적으로 다음과 같이 밝혔기 때문이다.

"우크라이나의 나토 가입을 지지한다."

또한 미국은 이를 구체적으로 명확하게 선언문에 넣기를 원했다. 하지만 우크라이나의 나토 가입이 러시아를 자극할 수 있다는 프랑스와 독일의 설득을 받아들여 모호한 문구를 선언문에 담는 데 그쳤다.

어쨌든 눈앞에서 미국과 유럽에게 무시당한 푸틴 대통령은 경고성 발언을 했다.

"조지아와 우크라이나를 나토에 가입시킨다면 러시아는 가만있지 않겠다."

푸틴의 말은 넉 달이 지난 2008년 8월에 현실이 되었다. 러시아와 조지아 사이에 전쟁이 벌어진 것이다. 전쟁이 발발한 지 일주일 만에 프랑스 사르코지 대통령이 중재하며 전쟁은 끝났다. 나토가 팽창하는 것을 러시아가 어떻게 생각하는지 확실하게 보여준 사건이었다.

푸틴 러시아 대통령은 서방 세계에 대한 불신을 어김없이 드러냈다. 물론 그에게 불신감을 심어준 것은 미국과 영국, 유럽연합이었다.

2019년, 트럼프 정부는 선언했다.

"1987년, 소련의 고르바초프와 미국의 레이건이 맺었던 중거리핵전력조약(INF조약)을 탈퇴한다."

INF조약은 중단 거리 핵미사일과 비핵미사일을 사용하지 않기로 약속한 내용을 담고 있다. 미국이 이 조약을 탈퇴한다는 것은 미사일을 사용하겠다는 뜻과 같았다. 당연히 러시아는 이 선언을 러시아에 대한 미국의 핵 공격 위협으로 받아들였다.

영국도 러시아에 적대적 정책을 펼쳤다. 2006년과 2018년에 영국에서 이중 스파이 노릇을 하고 있다고 의심되는 사람을 러시아 정보 기관이 독살한 사건이 있었다. 이 사건은 영국과 러시아의 관계를 더욱 틀어지게 만들었다. 반면 독일과 프랑스는 미국이나 영국과 달리 러시아에 부드럽게 접근하며 다소 중립적인 입장을 취해 왔다.

러시아는 돈바스에서
특수 군사 작전을 실시한다

우크라이나를 둘러싼 러시아와 서방 세계의 갈등은 극에 달했고, 결국 전쟁을 눈앞에 두고 있었다. 2021년 3월, 러시아 병사들이 우크라이나와 러시아 국경으로 집결하기 시작했다. 중화기와 미사일의 움직임이 감지되었고, 6월에는 부분적으로 철수했다가 10월에 접어들면서 다시 동원되었다. 12월이 되자 10만 명의 러시아군이 세 방향에서 우크라이나로 집결했다. 러시아 방향과 북쪽의 벨라루스 방향, 남쪽의 크림반도 방향이었다. 하지만 이러한 움직임에도 불구하고 러시아는 반복적으로 우크라이나를 침략할 생각이 없다며 부인하고 있었다.

2021년 12월, 푸틴은 러시아의 '안보 보장'을 위해 국제 사회에 두 가지를 제안했다.

첫째, 우크라이나는 나토에 가입하지 않는다.
둘째, 법적 구속력을 갖는 문서에 나토군과 군대 자산을 동유럽에서 감축한다는 내용을 기록한다.

푸틴은 이러한 요구가 받아들여지지 않을 경우 무차별적인 군사 대응을 하겠다고 엄포를 놨다. 하지만 나토는 이 요구를 공개적으로 거절했다. 그뿐만 아니라 러시아가 우크라이나를 침공하다면 미국은 러시아에 신속하고 가혹한 경제 제재를 가하리라는 경고마저 했다.

2022년 2월 21일, 러시아는 우크라이나 동부의 도네츠크와 루간스크 두 지역에 있는 '도네츠크 인민 공화국'과 '루간스크 인민 공화국'을 독립 국가로 공식 선포했다. 그러고 나서 돈바스 지역에 러시아군을 포진시켰다. 다음 날인 2월 22일, 푸틴은 '민스크 협정'을 파기했다. 러시아 연방 의회는 군대의 사용을 공식적으로 승인했다. 2월 24일 아침, 푸틴은 러시아가 돈바스 지역에서 '특수 군사 작전'을 시작한다는 사실을 알리며 우크라이나를 침략했다.

러시아가 우크라이나를 침략한 사실을 두고 많은 사람들은 과거 소련의 영광을 되찾으려는 푸틴의 야심이라고 말한다. 하지만 시카고 대학의 '존 미어샤이머' 교수는 말한다.

"19만 명의 병사들로 4000만의 우크라이나를 정복하기란 불가능하다."

📍 민스크 협정

2014년과 2015년에 우크라이나 동부의 돈바스 지역에서 일어나는 분쟁을 해결하기 위해 우크라이나와 러시아, 도네츠크 인민 공화국, 루간스크 인민 공화국 사이에 맺은 평화 협정이다. 벨라루스의 수도 민스크에서 체결되었다. 즉각적인 휴전과 중화기 철수를 약속했지만, 2022년 러시아가 우크라이나를 침략하며 효력을 잃었다.

우크라이나 동부의 돈바스 지역은 루간스크와 도네츠크주 일대로 러시아와 국경을 접하고 있다. 러시아는 2022년 2월 21일, 이 두 지역에 도네츠크 인민 공화국과 루간스크 인민 공화국을 각각 선포하고, 2월 24일 돈바스 지역을 침략하며 러시아 우크라이나 전쟁을 일으켰다.

군사 전문가들도 모두 이 말에 동의한다. 푸틴은 이미 2014년에 무력을 앞세워 크림반도를 합병했다. 또한, 돈바스 지역의 도네츠크와 루간스크를 지원하여 우크라이나 영토의 20%를 가져갔다.

그렇다면 푸틴은 19만 명의 병사로 우크라이나를 침공해서 무엇을 얻으려 했을까?

우크라이나에서 일어난 위협은 모두 나토의 확장과 관련돼 있다. 푸틴은 우크라이나가 나토에 가입하면 러시아에 심각한 위협이 되리라고 생각했다.

만약에 우크라이나 정부가 공식적으로 나토 가입을 원치 않는다고 밝혔다면, 상황은 달라졌을까? 우크라이나 동부 지역이 분리되거나 크림반도가 러시아에 합병되는 일이 없었을까? 무엇보다 러시아가 우크라이나를 침략하는 일이 없었을까?

몽골에게 정복당한
러시아

러시아의 역사는 몽골 제국의 침략으로 파괴되고 굴절된 깊은 상처를
지니고 있다. 칭기즈칸이 일으킨 몽골 제국은 유럽과 아시아 등 전 세계의
수많은 민족과 국가를 정복하면서 세계 역사상 최대의 영토를 차지했다.
여기서 '정복'이라는 의미는 약소한 민족이나 국가를 무력으로 무너뜨린
뒤에 이들의 정체성을 파괴하는 행위라고 해석할 수 있다.

다른 민족에게 지배를 당한 역사는 수치스럽게 느껴지는 게 당연하다.
러시아의 역사에서도 지우고 싶은 기간이 있다면 바로 몽골의 지배를
받았던 13세기 중엽에서 16세기 초까지 약 250년간일 것이다. 찬란한
문명을 자랑하던 러시아가 유목민인 몽골에게 무려 250년간 지배를
받았다. 러시아의 역사는 이 기간을 가능하면 회피하거나 축소해서
기록하고 있다.

때는 1240년 11월 말, 러시아 북쪽의 도시들을 차례로 정복하던 몽골군이
러시아의 기원이 되는 키예프 대공국의 강력한 저항에 직면하고 있었다.
몽골은 특사를 보내 키예프 대공국에게 항복을 강요했다. 그러나 인구
10만 명이 살던 유럽 최대의 찬란했던 도시 키예프는 어디에서 왔는지

키예프 대공국의 관문이었던 황금문. 13세기 몽골이 침략했을 때 파괴되었는데 다시 복원했다.

전혀 알려지지 않은 유목민에게 굴복할 수 없었다. 당연히 키예프 대공국은 결사 항전을 다짐하고 성문을 굳게 닫아걸었다. 하지만 항전은 오래가지 못했다. 11월 28일에 시작된 전쟁은 12월 6일에 끝났다. 몽골군에 맞섰던 키예프 시민들은 학살당했고, 도시는 불타고 파괴됐다.

몽골의 침략 방식은 정해져 있었다. 몽골은 먼저 침략할 도시 바깥에 흰색 천막을 쳤다. 이 의미는 지금 당장 항복하면 봐준다는 의미였다. 하루가 지나면 천막의 색깔이 붉은색으로 변했다. 붉은색 천막은 싸울 수 있는 연령대의 젊은 남자는 모두 죽이고, 여자와 어린아이는 노예가 된다는 의미였다. 그래도 항복하지 않고 계속 버티면 천막의 색이 검은색으로 바뀌었다. 검은색의 천막은 도시 안의 모든 생명체를 남김없이 죽이고, 도시는 완전히 불태우고 파괴한다는 의미였다. 그러니 만약 몽골이 특사를 보내어 항복을 강요했을 때 순순히 받아들였다면, 키예프 대공국은 세금과 예물만 내고 온전할 수 있었다.

몽골군의 참혹한 학살과 파괴로 키예프는 그로부터 100년 동안 시체 썩는 냄새가 진동했다고 한다. 사람이 도저히 살 수 없는 폐허로 변한 것이다. 또한 도망하는 러시아인을 추격하기 위해 몽골군이 헝가리와 폴란드, 심지어 오스트리아까지 들어갔다는 기록이 있다.

몽골족의 칭기즈칸이 태어나 세력을 얻으면서 몽골족을 하나로 통일하기 시작한 지역은 지리상으로 지금의 몽골이 위치한 곳은 아니었다. 바이칼 호수 남쪽의 산악 지역으로 지금 시베리아 동쪽에 살고 있는 부리야트족이 칭기즈칸의 후손이라고 할 수 있다. 당시에 이들은 태어나면서부터 말을 다뤘기 때문에 세계 어느 나라도 기마술에서 몽골 군대를 따라갈 수 없었다. 몽골 군대의 기마술이 세계를 정복했다고 말하는 학자들도 있다.

역사적으로 겨울철에 대규모 군사 작전을 펼쳐 러시아를 굴복시킨 군대는 몽골뿐이었다. 세계 최강을 자랑하던 나폴레옹 군대나 히틀러 군대도 겨울에 러시아를 침공했다가 참패를 당했다. 당시 러시아 정교회 교도가 몽골의 침입에 대해 남긴 글은 러시아의 당혹스러움을 잘 보여준다.

> "…그들이 어디서 왔는지 모른다. 그들이 누군지도 모른다. 그들이
> 무슨 언어를 사용하는지도 모른다. 그들이 왜 우리를 공격하는지도
> 알 수 없다…."

갑자기 나타나 민족 전체를 쑥대밭으로 만들었으니 러시아인에게 몽골은
하늘이 내린 재앙일 수밖에 없었다. 몽골의 침입으로 러시아 민족은
종교에 깊이 빠져들었다. 러시아 정교회가 가장 크게 부흥한 시기가 바로
몽골이 지배하던 시기였다. 러시아 정교회의 성직자는 몽골의 침입을
'하나님의 심판'이라고 설교하면서 러시아 민족에게 참회를 권유했다.
러시아가 다시 일어서기까지는 거의 250년이란 세월이 흘렀고, 250년
동안 러시아는 몽골에게 매년 조공을 바치면서 머리를 조아려야 했다.
몽골의 지배를 완전히 물리친 시기는 16세기에 들어서면서였다.
그 뒤로는 러시아도 동쪽으로 세력을 넓히면서 나중에는 거대한 땅
시베리아를 지배하기 시작했다.

나토가 문제 아닌 문제

우크라이나가 나토에 가입하는 것을 러시아가 두고 볼 수 없는 이유는 무엇일까? 도대체 나토가 무엇이길래? 먼저 나토가 만들어진 배경부터 알아보자.

제2차 세계대전이 끝난 뒤, 유럽 대륙에서는 나치 독일과 싸워 눈부신 성과를 세웠던 소비에트 연방이 인기가 높아졌다. 러시아 혁명에 대한 향수가 전 세계를 휩쓸었고, 나치 독일에서 해방된 동부 유럽 국가들은 소비에트 연방의 지원에 힘입어 공산당을 조직했다. 폴란드, 체코슬로바키아, 헝가리, 루마니아, 불가리아, 에스토니아, 리투아니아, 라트비아, 세르비아, 크로아티아, 알바니아 등에서 공산당이 권력을 잡았다.

소비에트 연방의 영향력이 유럽 대륙에서 커지자 미국과 영국은 상당한 위협을 느꼈다. 1947년, 미국은 전후 복구 대책으로 '마셜 플랜'을 내놓았다. 마셜 플랜의 가장 큰 목적은 소비에트 연방의 영향력을 차단하기 위한 것이었다. 전쟁이 끝난 뒤, 헐벗고 굶주렸던 유럽인들에게 마셜 플랜을 통한 미국의 물질적 원조는 소비에트 연방의 유혹에서 벗어나게 만들었다.

마셜 플랜으로 가장 큰 효과를 본 국가는 그리스였다. 나치 독일의 지배에서 극심한 고통을 받았던 그리스는 나치가 패망

📍 마셜 플랜

제2차 세계대전이 끝나고 서유럽 국가의 경제를 회복하기 위해 미국이 시행한 경제 지원 프로그램이다. 당시 미국 국무장관이었던 '조지 마셜'이 제안해서 '마셜 플랜'이라는 이름이 붙었다. 영국, 프랑스, 서독, 이탈리아, 네덜란드 등이 미국의 지원을 받으며, 미국과 긴밀한 동맹을 맺었다. 현금뿐만 아니라 식량, 원자재, 기술 등 다양한 방식으로 지원했으며, 마셜 플랜 덕분에 서유럽은 전쟁의 후유증에서 벗어났다.

📍 마셜 플랜 지원금▶

영국 32억 9700만 달러
프랑스 22억 9600만 달러
독일 14억 4800만 달러
네덜란드 11억 2800만 달러
오스트리아 4억 8800만 달러
덴마크 3억 8500만 달러
노르웨이 3억 6600만 달러
그리스 3억 6600만 달러
튀르키예 1억 3700만 달러

마셜 플랜으로 원조해 주는 물자에 사용했던 식별 표지. '유럽 부흥을 위한 미국의 공급'이라고 쓰여 있다.

하고 물러가면서 곧바로 좌파와 우파로 나뉘어 내전이 일어났다. 처음에는 유고슬라비아의 원조를 받은 좌파가 승리하는 듯 보였다. 하지만 마셜 플랜이 시행되면서 그리스는 점차 좌파의 영향력에서 벗어났다. 그리스에서 거둔 성과를 바탕으로 마셜 플랜의 모델이 만들어졌고, 좌파와 우파로 나뉘어 대립하던 다른 나라에도 그리스 모델이 적용되었다.

마셜 플랜과는 별도로 유럽 대륙에서 소비에트 연방의 확대를 막으려면 집단적 군사 조직이 필요하다는 의견이 모아졌다. 1949년에 미국과 영국, 프랑스를 중심으로 소비에트 연방에 대항하는 군사 동맹 체제, 나토NATO(북대서양조약기구)를 출범시켰다.

나토는 집단 방위 체제로 운영된다. 나토 회원국 중 하나가 공격을 받으면, 나머지 나토 회원국이 함께 군사적 대응을 한다. 그뿐만 아니라 정치적, 경제적, 외교적 대응도 할 수 있다. 이런 내용은 나토 협약 5조에 잘 나와 있다.

> "유럽이나 북미에서 한 회원국 혹은 그 이상의 회원국에 대한 무장 공격은 모두에 대한 공격으로 간주한다…."

나토는 결성되던 당시에는 12개국으로 시작했다. 미국, 캐나다, 벨기에, 프랑스, 룩셈부르크, 영국, 아이슬란드, 이탈리아, 포르투갈, 덴마크, 노르웨이, 네덜란드이다. 1952년에 그리스와 튀르키예가 합류했고, 1982년에는 스페인이 합류했다.

■ 32개 회원국
■ 가입 희망국

스웨덴
핀란드
헬싱키
러시아
노르웨이
스톡홀름
상트페테르부르크
에스토니아
북해
모스크바
라트비아
덴마크
리투아니아
영국
네덜란드
독일
폴란드
벨라루스
나토본부(브뤼셀)
벨기에
체코
슬로바키아
우크라이나
룩셈부르크
헝가리
대서양
프랑스
슬로베니아
루마니아
크로아티아
불가리아
크림반도
이탈리아
북마케도니아
흑해
조지아
포르투갈
스페인
그리스
튀르키예
지중해
보스니아
헤르체고비나
알바니아
몬테네그로

그린란드
캐나다
아이슬
란드
미국

나토 회원국. 오랫동안 중립을 유지하던 핀란드와 스웨덴이 나토에 가입하면서,
나토 회원국은 32개국으로 늘어났다. 러시아의 우크라이나 침공이 핀란드와 스웨덴
국민들에게 안보에 대한 불안감을 안겨주었고, 결국 나토 가입을 이끌었다.

소비에트 연방이 붕괴된 뒤에는 동부 유럽 국가들이 많이 합류하면서 나토는 가장 큰 국제 군사 조직이 되었다. 가장 최근에는 스웨덴과 핀란드까지 가입했다. 현재 나토는 30개국의 유럽 국가와 2개의 북미 국가가 가입한 32개국의 회원을 자랑하고 있다.

무엇보다도 나토는 미국을 중심으로 운영되고 있다. 지금도 나토 예산의 70%는 미국이 부담하고 있다.

즉, 미국이 유럽의 방위를 책임지고 있는 셈이다.

반러시아 정서와 나토의 확장

러시아는 동부 유럽 국가들까지 나토에 가입하며 나토가 커지자 안보에 대한 불안감에 휩싸였다. 우크라이나가 나토에 가입하는 걸 두고 볼 수 없었던 러시아는 결국 전쟁을 일으켰다. 그러나 이 전쟁은 러시아의 희망이었던 나토의 축소를 가져오기는커녕 오히려 나토의 팽창만 불러왔다. 러시아에 협조적이었던 몇몇 유럽 나라들까지 러시아에 등을 돌리게 만들었던 것이다. 오랫동안 중립을 유지했던 핀란드와 스웨덴까지 나토에 가입했다.

우크라이나 키이우에서 공습경보가 울리자 지하철역으로 대피한 사람들.
(2024년 12월 20일)

    2022년 11월에 핀란드에서 시행된 여론 조사에서 나토의 가입을 원하는 국민들은 78%에 달했다.▶ 2017년의 여론 조사에서는 단지 21%만이 나토 가입에 찬성한 데 비하면 핀란드 국민 대다수가 찬성으로 돌아선 것이다. 우크라이나 전쟁으로 러시아에 대한 핀란드 국민의 불안이 그만큼 커졌기 때문이다. 러시아와 장거리 국경을 접하고 있는 핀란드는 냉전 시대에도 러시아와 오가며 우호적인 관계를 유지했었다. 하지만 러시아가 우크라이나를 침략하자 핀란드 국민들에게 남아 있던 작은 공포에 불씨가 당겨졌다.

　　러시아가 언제 핀란드를 침략할지 모른다.

　　스웨덴의 입장도 핀란드와 다르지 않았다. 1932년 이래로 스웨덴은 사회민주당이 집권해 오며 상대적으로 러시아와 가까웠고, 나토에 대한 지지는 약했다. 하지만 러시아의 우크라이나 침략은 스웨덴 국민들의 여론을 반러, 친나토로 완전히 돌려놓았다. 핀란드와 이웃인 스웨덴은 러시아와 국경을 접하고 있지는 않았지만, 지리적으로 핀란드가 방패막이가 되어 왔다. 만약 핀란드가 러시아에 침략당한다면 다음 타깃은 스웨덴이었다. 과거엔 20%대였던 나토에 대한 지지도가 2022년 11월에는 스웨덴 국민들 대다수인 80%로 돌아섰다.▸

　　러시아가 나토 확장에 대한 경고로 시작한 우크라이나 전쟁이 유럽의 국가들에게는 도리어 안보를 위협하는 요소로 작용했다.

유럽에서 반미적인 좌파 성격을 가진 국가들이 우크라이나 전쟁을 계기로 반러시아로 돌아섰다는 점은 생각해 볼 문제이다.

나토에 맞서 생겨난
바르샤바조약기구

1949년에 나토가 결성되자, 이에 대항해 소비에트 연방도 '군사 동맹 조직'을 세웠다. 1955년에 결성한 '바르샤바조약기구'이다. 소비에트 연방과 동독, 폴란드, 루마니아, 헝가리, 체코슬로바키아, 알바니아, 불가리아 등의 국가가 회원국으로 가입했다. 당시 독자 노선을 선언했던 유고슬라비아는 회의에 참석하지 않았고, 바르샤바조약기구에 가입하지 않았다.

1956년 10월 23일, 헝가리에서 봉기가 일어나면서 바르샤바조약기구를 탈퇴하고 중립을 선언했다. 이에 소비에트 연방은 군대를 보내 헝가리 봉기를 무력으로 진압했다. 당시 소비에트 연방군과 헝가리 민병대가 무력 충돌하면서 2500명의 시민과 700명의 소비에트 연방 병사가 사망했고, 수만 명이 부상을 입었다. 헝가리 봉기를 통해 반소비에트 정부를 구상하고 개혁

체코슬로바키아를 침공한 소련. 체코슬로바키아 사람들이 프라하 거리에서 불타는
소련 탱크를 지나가고 있다.

을 주도했던 '임레 나지' 헝가리 수상은 소비에트 연방군에 체
포되었다. 그는 비밀 재판을 통해 사형을 언도받은 뒤, 1958년
에 교수형에 처해졌다.

　무엇보다도 바르샤바조약군의 직접적인 개입은 '프라하의

봄'이라 불리는 체코슬로바키아의 반소련 봉기였다. 1968년 봄, 체코슬로바키아의 공산당 제1서기가 된 '둡체크'는 소비에트 연방 정책을 폐기하고 언론의 자유를 포함한 광범위한 개혁 정책을 펼쳤다.

인간적인 얼굴을 가진 사회주의!

둡체크가 자신의 정책을 부르는 말이었다.

소비에트 연방과 바르샤바조약기구의 공산당 지도자들은 프라하에서 일어난 개혁 운동에 대해서도 1956년에 헝가리에서 대응했던 방식을 그대로 적용했다. 12년이 지났지만 달라진 것은 아무것도 없었다. 소비에트 연방과 바르샤바 동맹국에서 65만 명의 군대를 동원해서 탱크를 앞세우고 체코슬로바키아의 국경을 넘었다. 작은 체코슬로바키아는 엄청난 군사력을 가진 소비에트 연방군에 대항해 싸웠지만 역부족이었다.

1968년 당시, 소비에트 연방이 인구 1천만 명밖에 되지 않는 체코슬로바키아를 무력으로 진압하기 위해 보낸 군대는 65만 명이었다. 그런데 2022년, 러시아가 인구 4천만 명이나 되는 우크라이나를 정복하기 위해 보낸 군대는 20만 명뿐이었다. 많은 정치학자와 군사 전문가는 이 이유를 다음과 같이 밝혔다.

"러시아가 우크라이나를 완전히 점령하기보다는 서방 세계를 향한 강력한 경고가 목적이었다."

러시아 우크라이나
전쟁의 현주소

러시아 우크라이나 전쟁은 러시아와 우크라이나의 전쟁이기도 하지만 한편, 러시아와 미국을 비롯한 서방 세계와의 전쟁이기도 하다. 사실 미국의 지원이 없다면 우크라이나는 러시아에 군사적으로 대항하기 어렵다. 러시아에 영토의 20% 이상을 빼앗긴 우크라이나는 뺏긴 영토를 회복한다는 목표를 정하고 전쟁을 계속하고 있지만 큰 진전은 보이지 않는다.

2024년 8월 6일, 우크라이나군은 러시아의 국경 지대인 쿠르스크 지역을 공격해서 1000제곱킬로미터를 점령했다고 발표했다. 곧이어 점령당한 지역을 되찾으려는 러시아와 점령한 땅을 지키려는 우크라이나 사이에 교전이 치열하게 벌어졌다. 9월에 접어들면서 러시아의 역공세가 힘을 받으며 러시아는 잃어버린 땅의 50%를 되찾았다고 공식 발표했다.

한편 동부 전선에서는 우크라이나군의 전력이 약화되면서, 우크라이나는 쿠르스크 지역을 점령한 것보다 더 많은 영토를

도네츠크 시내 도로에 포탄 잔해가 박혀 있다. (2022년 12월 15일)
돈바스의 도네츠크와 루간스크 지역은 석탄 산업이 발단한 곳으로 희토류를 포함한
광물 자원이 풍부하게 매장된 곳이다. 러시아는 2025년 2월 종전 방안을 놓고 미국
측에 이 지역의 희토류 개발권을 넘기겠다는 제안을 했다.

빼앗기게 되었다. 이뿐만 아니라 우크라이나의 전략적 요충지
인 도네츠크가 러시아군에 넘어가면서 앞으로 더 많은 영토가
러시아의 손으로 넘어가리라고 예상된다.

우크라이나 정부는 계속적으로 불평을 쏟아내며, 상황이 불리해진 탓을 미국 쪽으로 돌리는 듯했다.

"무기와 예산이 너무 느리게 전달된다."
"장거리 미사일 사용을 규제해서 무기를 사용할 수 없다."

2024년 2월 16일, 퀸시 연구소 발표에 따르면 미국 국민의 70%가 러시아 우크라이나 전쟁은 빨리 끝내야 한다고 생각했다. 미국의 공화당과 트럼프도 하루빨리 전쟁을 끝내야 한다는 입장을 유지하고 있다. 사실 우크라이나에 넘겨줄 무기나 예산이 계속 연기되는 이유도 미국의 입장에서는 이 전쟁을 포기했다는 증거일 수도 있다.

러시아 우크라이나 전쟁은 끝날 수 있을까

우크라이나 전쟁을 끝낼 수 있는 많은 방안이 제시됐으며, 지금도 공식적으로 종전 협상이 진행되고 있다. 러시아가 우크라이나를 침공하면서 내건 목표는 두 가지였다.

첫째, 러시아의 안보를 위협하는 우크라이나의 나토 가입을 포기시킨다.

둘째, 우크라이나를 나치의 지배로부터 해방시키고 탈군사화시킨다.

우크라이나는 러시아와 관계를 완전히 끊기 원했고, 유럽연합과 나토 가입을 원해 왔다. 하지만 우크라이나의 역사와 지리적 특성상 러시아와 완전한 단절은 불가능하다. 러시아와 우크라이나는 수백 킬로미터의 국경을 접하고 있으며, 역사적으로 천 년 이상을 함께 뒤섞여 왔다. 순수하게 완전히 결별하기는 거의 불가능하지 않을까? 그렇다면 우크라이나에 적합한 해결책은 무엇인지 고민해 볼 필요가 있다.

전쟁을 끝낼 수 있는 방안으로 우크라이나의 중립화를 생각해 볼 수 있다. 우리는 보통 중립국이라고 하면 스위스나 오스트리아를 떠올린다. 미국이나 러시아 어느 편에도 속하지 않으면서도 양쪽이 모두 존중하는 위상을 가진 국가가 이상적인 중립 국가이다.

우크라이나도 어느 쪽에도 가담하지 않으면서 자유로운 위상을 가진 국가가 된다면 더 이상의 충돌은 없지 않을까?

사실 우크라이나가 가장 크게 위협을 느끼는 적은 러시아다. 우크라이나가 나토에 가입하려는 이유도 안보를 보장받기 위해서다. 우크라이나가 러시아에게서 받는 군사적 위협과 영향에서 벗어나기 위해서 나토 가입을 원해 왔다면, 러시아는 이에 대한 명확한 해결책을 내놓으면 된다. 러시아가 우크라이나의 안보를 보장하고 정치적으로 군사적으로 영향력을 행사하지 않는다는 약속을 하면 된다. 이것이 전쟁을 끝내기 위한 첫걸음일 것이다.

　물론 우크라이나가 나토를 가입하려는 또 다른 이유도 있다. 바로 유럽연합에 가입하기 위해서다. 과거 다른 동유럽 국가들을 보면 유럽연합에 가입하기 전에 나토부터 가입했다. 우크라이나도 폴란드나 체코 같은 국가들처럼 유럽연합에 가입하기를 원해 왔다. 유럽연합에 가입하기 위한 최초의 관문을 나토 가입이라고 봤을 것이다.

　우크라이나의 유럽연합 가입 문제를 러시아는 어떻게 생각할까? 러시아는 항상 우크라이나가 유럽연합에 가입하는 것은 자유롭다고 했다. 반면 나토 가입은 절대로 용납할 수 없다고 경고했다. 유럽연합은 정치적, 군사적 성격을 지닌 조직체가 아닌 경제적 공동체라는 이유를 들었다.

　러시아는 우크라이나가 중립적 위상의 국가적 성격을 유지한다면 그것도 받아들일 것이라고 밝혔다. 무엇보다도 중립국의 경우 어떠한 외국 군대도 주둔할 수 없다. 당연히 나토군이나 미국 군대는 절대로 우크라이나에 주둔할 수 없다. 러시아가 원하는 것이 바로 이것이다. 우크라이나의 중립화가 성사된다면, 러시아가 전쟁을 치를 이유도 사라진다.

러시아가 요구한 우크라이나의 '탈군사화'라는 문제는 무엇일까? 여기서 탈군사화라는 것은 국가가 전혀 무장하지 않는다는 의미가 아니다. 국가의 영토와 영해, 영공을 보호하기 위해서는 반드시 무장된 군사력이 필요하다.

무장은 하되, 합리적이고 이해할 만한 수준에서의 무장을 의미한다.

현재 중립국인 스위스나 핀란드, 오스트리아의 경우도 비무장이 아니다. 국경을 지키고 국내 질서를 지키기 위한 무장은 하고 있다. 다만 전 세계가 객관적으로 봤을 때 다른 국가를 침략할 수 있는 수준의 무장이 아닌 것이다. 어쨌든 러시아의 요구인 우크라이나의 탈군사화는 우크라이나가 중립국으로서 위치를 국제적으로 인정받게 된다면 자연스럽게 이뤄질 수 있는 일이다.

바티칸의 스위스 근위대. (2005년 4월 19일)
유럽 중심부에 위치해서 여러 강국들 사이에 둘러싸인 스위스는 중립을 지키며
전쟁을 피해 왔다. 그러나 나라를 지키기 위한 무장은 하고 있다. 특히 스위스 용병은
명성이 높아 오랫동안 바티칸 시국의 근위대를 맡고 있다.

러시아가 요구하는 '탈나치화'는 무엇일까? 이는 과거에 유대인을 집단 학살한 나치에게서 벗어난다는 의미가 아니다.

우크라이나에 살고 있는 러시아인들의 민족적, 문화적 권리를 보장해 달라는 요구이다.

우크라이나는 러시아의 영향력을 줄이기 위해 우크라이나어를 공공 부문에서 필수적으로 사용하도록 했고, 중등 교육부터는 우크라이나어로 수업을 진행하도록 했다. 이는 우크라이나가 국가 정체성을 강화하려는 시도로 볼 수 있지만, 한편 러시아어를 사용하는 사람들에게는 불만을 살 수밖에 없었다. 러시아가 요구하는 탈나치화는 우크라이나에 살고 있는 러시아인에 대한 억압을 멈추라는 의미로 볼 수 있다.

핵무기를 포기한 우크라이나

시간을 거슬러 올라가면 어쩌면 우크라이나는 러시아로부터 나라를 지킬 수 있는 기회가 있었는지도 모른다. 1991년에 소비에트 연방에서 독립한 우크라이나는 1700기의 핵무기를 가지고 있었다. 당시에 러시아는 우크라이나와 카자흐스탄, 벨라루스에 흩어져 있던 핵무기를 모두 수거하기 위해 노력했다. 러시아에 가장 적대적으로 돌아섰던 국가가 우크라이나였으니, 우크라이나에 흩어져 있던 핵무기를 수거하기 위해 러시아의 옐친 정부는 미국 클린턴 정부의 협조까지 받았다. 그리하여 1992년, 포르투갈 리스본에서 '핵확산금지조약(NPT)'에 세 국가를 가입시켰다. 그리고 1994년 12월, 헝가리 부다페스트에 미국과 러시아, 영국, 우크라이나 정상들이 모여 우크라이나가 핵무기를 포기하는 대신에 국제적으로 안전을 보장하겠다는 각서에 서명했다.

하지만 이 서명은 2022년 2월, 러시아가 우크라이나를 침략

 부다페스트 양해 각서
1. 기존 국경에서 서명국의 독립성과 주권을 존중한다.
2. 서명국에 대한 위협이나 무력 사용을 삼간다.
3. 주권에 내재된 서명국의 권리에 의한 행사를 자신의 이익에 종속시키고 모든 종류의 이익을 확보하기 위해 고안된 경제적 압박을 삼간다.
4. 서명국이 '핵무기가 사용되는 침략 행위의 희생자가 되거나 침략 위협의 대상이 되는' 경우, 안보리는 즉각적인 지원을 제공하기 위해 조치한다.
5. 서명국에 대한 핵무기 사용을 삼간다.
6. 위의 사항들에 관한 질문이 생기면 서로 상의한다.

하면서 휴지 조각으로 변했다.

당시에 우크라이나가 러시아에 핵무기를 넘기면 러시아로부터 침략당할 것이라고 예견한 사람이 있었다. 시카고 대학의 미어샤이머 교수다. 그는 1993년, 〈포린 어페어스〉 여름호에 다음처럼 경고했다.

"우크라이나는 핵무기 포기로 인해 러시아의 공격을 받을 것이다."
"우크라이나가 절대로 핵무기를 포기해서는 안 되며, 이것이 유럽의 평화를 지켜내는 방법이다."

그의 경고는 소비에트 연방이 붕괴되고 유럽에 평화가 찾아올 것이란 기대에 한껏 부풀어 있던 세계에 찬물을 끼얹었다. 당시 미어샤이머 교수는 50년 동안 유럽을 평화롭게 만든 원인이 미국과 러시아가 가진 핵무기 때문이라고 보았다. 아이러니하게도 평화의 원흉이던 핵무기가 오랜 평화를 가져다 준 대들보였다는 말이다.

하지만 당시 클린턴 정부는 그의 의견을 무시해 버렸다. 결과적으로 미국도 오늘날 우크라이나가 침략당한 상황에 책임이 있는 것이다.

핵무기, 로맨틱한 몽상

1980년대, 냉전 시대가 끝나가면서 새로운 시대로 접어들 무렵에 세계는 하나의 큰 전환점을 맞게 되었다. 핵무기 사용이 가능할 수도 있는 시대가 온 것이다. 냉전 시대에 핵무기는 다양하게 개발됐다. 전략 핵무기와 전술 핵무기, 소형 핵무기 등 다양한 위력을 가진 핵무기들이 개발되었다.

다행히도 경쟁적인 무기 개발을 비판해 온 전 세계의 활동가들과 정치인들, 지식인들 덕에 하나의 소중한 결실이 맺어졌다. 1987년 12월, 로널드 레이건 미국 대통령과 미하일 고르바초프 소련 서기장이 두 나라의 중단거리 탄도 미사일, 순항 미사일 또는 미사일 발사대 배치를 제한하는 '중거리핵전력조약(INF조약)'에 서명한 것이다. 이로써 사정거리가 500~5500km대에 이르는 중거리 핵무기 사용이 금지됐다. 500~5000km의 사정거리는 유럽이나 러시아 어디에서 쏘아도 유럽의 어느 곳이나 러시아의 어느 곳에도 도달할 수 있는 거리이다. 이 조약의 체결로 냉전 시대의 긴장이 완화되었으며, 1991년까지 양측은 핵무기 2700개를 파괴했다.

하지만 트럼프 행정부의 에스퍼 국방장관이 2019년 8월 2일, 중거리핵전력조약에서 탈퇴한다고 발표했다. 이유는 미국의 반

INF조약에 서명한 뒤 악수하는 레이건 미국 대통령(오른쪽)과 고르바초프 소련 서기장. (1987년 12월 8일)

대에도 불구하고 러시아가 계속해서 조약을 위반했기 때문이라고 밝혔다. 에스퍼 국방장관은 말했다.

"미국은 32년 동안 준수해 온 INF 규정에 더 이상 얽매이

지 않고, 러시아가 위반하여 개발한 무기의 위협에 대응할
수 있는 자체 방어 시스템을 개발할 것이다."

그동안 누가 조약을 위반했는지 잘잘못은 나중에 따지더라
도 세계가 더욱 위험한 곳으로 변해 가고 있다는 사실만은 확
실해졌다.

인류의 평화와 안녕을 위해 핵무기를 사용하지 않는다는 건
로맨틱한 몽상이다. 자신이 죽을 위기에 처하게 되면, 살기 위
해서 본능적으로 어떠한 수단이라도 사용할 것이다. 미국과 나
토 가입국도 러시아가 침략해서 국가의 존립이 위험해지면 당
연히 핵무기에 손을 댈 것이다.

1962년에 소비에트 연방이 쿠바에 미사일 기지를 건설하겠
다는 계획을 밝혔을 때, 미국의 케네디 정부는 핵전쟁을 불사
하더라도 쿠바에 소비에트 연방 미사일 기지 건설을 막겠다고
나섰다. 이것이 소위 말하는 '쿠바 미사일 위기' 사건이다. 미국
이 존재 자체에 위협을 받으면 핵전쟁이라도 일으킬 수 있음을
보여준 사건이다.

우크라이나를 침공한 러시아도 마찬가지다. 러시아와 국경
을 수백 킬로미터나 맞대고 있는 우크라이나가 적대적인 국가
들의 집합체인 나토의 일원이 되어 강력한 공격 무기들을 배치

러시아 군사 전시 센터에 있는 '이스칸데르-M 미사일'. (2019년 1월 23일)
이스칸데르-M 미사일은 러시아의 단거리 탄도 미사일로, 유럽과 주변 지역의 미사일
방어 체계를 돌파할 수 있다.

한다고 생각하니 불안해서 밤잠을 이룰 수 없었을 것이다.

　　나토의 확장은 러시아를 궁지로 몰아넣기 시작했으며, 더
욱이 미국이 중거리핵전력조약을 탈퇴하면서 러시아를
더욱 옥죄는 결과를 가져왔다.

현재 진행되는 러시아 우크라이나 전쟁은 러시아에 대한 실존적 위협은 아니지만, 푸틴은 이를 자신에 대한 위협으로 인식했을 수 있다. 전쟁에서 지는 것이 자신의 권력이나 목숨을 잃는다는 것을 의미한다고 생각할 수도 있다. 패전의 가능성이 커질수록 푸틴은 핵무기를 자기 보존을 위한 최후의 수단으로 사용할 수도 있다.

핵전쟁은 오는가

러시아 우크라이나 전쟁에서 러시아가 패한다면 러시아의 미래는 불분명하다. 러시아에 절체절명의 위기가 온 것이다.

> 푸틴의 말처럼 서방에서 달려들어 러시아를 완전히 갈기갈기 찢어 놓을 수도 있다.

국가와 민족의 생존과 연관돼 있기 때문에 러시아로서는 우크라이나 전쟁에서 패배란 있을 수 없다. 러시아가 국제 여론의 비판을 무릅쓰고서 북한을 끌어들인 것도 전쟁에서 반드시 이겨야 한다는 러시아의 불안감과 중압감을 그대로 보여주는 사건이라고 할 수 있다.

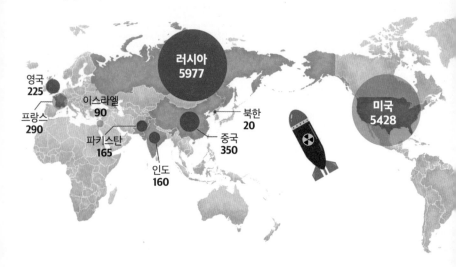

영국
225

프랑스
290

이스라엘
90

러시아
5977

파키스탄
165

인도
160

북한
20

중국
350

미국
5428

세계 핵무기 보유 현황. (2022년 2월 추정치) ▶

　푸틴은 여러 차례 핵무기로 공격하겠다는 위협을 해왔기에 실언이나 농담이 아닌 실현 가능한 위협으로 다가온다.

　"국가의 존립이 위협받는다면 국가가 보유하고 있는 어떤 무기라도 사용하여 위협 요소나 수단을 제거하기 위해 노력할 것이다."

만약 러시아의 핵미사일 수십 발이 동시에 미국을 공격한다면 어떻게 될까? 미국도 속수무책으로 당할 수밖에 없을 것이다. 몇 발만 날아온다면 미사일 대응 시스템으로 방어할 수 있겠지만, 수십 발에서 한 발만 대응에 실패해도 도시 하나가 초토화될 것이다. 물론 러시아도 남아나는 게 없을 테지만.

그만큼 핵전쟁이 우리 곁에 현실로 성큼 다가왔음을 알 수 있다. 서방 세계 또한 이를 심각하게 받아들이고 있다. 현재 핵보유국이 지닌 핵무기는 지구를 몇 개나 파괴하기에 충분하다. 러시아는 지난 2011년부터 2020년까지 10년 동안 핵무기를 현대화하는 데 700억 달러(약 85조 원)를 지출했다. 상황이 악화되어 핵무기가 사용된다면 본격적인 핵전쟁이 시작될 수밖에 없다. 핵무기로부터 안전한 국가는 유럽과 아시아, 아메리카 대륙에서 멀리 떨어진 그린란드나 태평양의 피지 같은 작은 섬들을 제외하고는 거의 없다.

러시아는 정말 핵무기를 사용할까

러시아의 마지막 핵 실험은 소비에트 연방 시절이던 1990년 10월 24일이었다. 북한을 제외하고 1998년 이후로 핵 실험을 실시한 국가는 없었다. 이제 러시아는 다시 핵 실험을 시도할 수 있다. 인도주의적, 환경적 영향까지도 생각하여 시베리아 북부 지역이나 공해상의 해저, 또는 우크라이나의 무인 지역을 핵 실험 장소로 선택할 수 있다. 핵 실험을 통해 시위하는 것이다.

또 다른 가능성은 전술 핵무기를 사용하는 것이다. 전술 핵무기는 탑재량이 적어 정확한 표적에 사용한다. 러시아는 비행기, 미사일 또는 선박에 탑재할 수 있는 2000개의 전술 핵무기를 보유하고 있다. 그중에서 가장 위력이 큰 것은 제2차 세계대전에서 일본 히로시마에 투하한 핵폭탄보다 폭발 반경이 약 0.5km 더 넓다. 핵 공격은 사람이 살 수 없는 무인 지대를 만들어 우크라이나군의 전진을 막을 수 있다. 러시아는 우크라이나의 전투 의지와 군사력을 약화시키기 위해 우크라이나 군대나 에너지 인프라를 목표물로 설정하여 핵무기를 사용할 수도 있다. 폴란드의 무기 공급 시설이나 발트해 연안의 무기 보관 시설 등, 우크라이나 전쟁과 관련된 군사 시설이나 기반 시설을 타깃으로 삼을 수도 있다.

하지만 군사 목표물에 러시아가 전술 핵무기를 사용하더라도 우크라이나의 반격을 막지는 못할 것이다. 핵무기의 공격이 지상에서 진격을 더욱 어렵게 만들더라도 우크라이나는 공중 공격과 대공 방어에 계속 집중할 것이다. 그리고 전술 핵무

일본 나가사키 위로 치솟는
버섯구름.(1945년 8월 9일)
제2차 세계대전 중에 미국은
일본의 히로시마와 나가사키에
원자폭탄을 떨어뜨렸다.
처음이자 유일하게 핵무기가
전쟁에 사용되었고, 일본은
8월 15일 무조건 항복을
선언했다.

원자폭탄이 떨어진 뒤 순식간에 폐허가 된 일본 히로시마.
이 폭발로 7만 명이 순식간에 목숨을 잃었다. 그리고 10만 명 이상이 화상과 방사능 질병에
시달리며 죽어갔다.

전략 핵무기
적의 주요 거점을 목표로 하여 사용하는 핵무기. 핵탄두를 적재
한 미사일이나 핵 공격이 가능한 잠수함, 항공기 따위를 이른다.

전술 핵무기
주로 국지전에 사용되는, 폭발력이 작은 핵무기. 지대공 미사일,
공대공 미사일, 핵 지뢰 따위에 장착되며, 탄두의 위력은 킬로톤
(Kt) 급이다.

기가 어느 정도 파괴력을 갖는지도 계산하기 어렵다. 핵탄두나
폭발의 강도, 날씨 및 지리에 따라 위력이 달라지기 때문이다.

러시아의 핵 공격에 대응하여 미국과 나토 동맹국들은 우크
라이나에 더 많은 무기를 보낼 것이며, 낙진과 방사능 피해에
대응한 인도주의적 지원을 제공할 것이다. 결과적으로 러시아
의 전술 핵무기 사용은 러시아가 예상한 목표를 제대로 달성하
지도 못하고 더 큰 역효과만 불러일으킬 수 있다.

그렇다면 러시아가 실행할 수 있는 최후의 선택은 무엇일
까? 우크라이나 또는 우크라이나의 동맹국들에 전략 핵무기를
사용하는 것이다. 전략 핵무기는 전술 핵무기보다 수백 배 더
강력하다. 이것을 사용한다면 러시아는 서방의 전쟁 지원을 확
실히 약화시킬 수 있다. 파리나 런던, 뉴욕과 같은 서방의 주요

도시에 핵 폭격을 가할 수도 있다. 그러나 러시아가 핵 폭격을 가한다면, 서방도 핵으로 대응할 것이다. 대응 핵 공격이 즉각 이뤄지면서 러시아의 주요 도시는 모두 잿더미로 변할 것이다. 사실상 지구 종말이 다가오는 것이다.

미국도 핵 공격을 두려워하고 있다

핵 공격이 일어난다면, 미국은 어떻게 대응할까? 미국 본토를 공격당한 게 아니고, 자국민의 사상자가 발생하지 않는다면, 미국은 무기 판매를 확대하고 비군사적 물자 지원을 강화하면서 기존의 방식을 그대로 유지할 것이다. 러시아를 침략하기 위한 적극적인 공격보다는 단지 우크라이나와 서방을 방어하는 데 집중하는 소극적인 대응에 치중할 가능성이 크다.

러시아의 핵 공격 뒤에는 나토군이 우크라이나에 직접 배치될 테지만, 국경을 넘어 러시아로 들어가지는 않을 것이다. 또한 첨단 미사일이나 드론을 통한 공격도 우크라이나 내의 러시아 시설이나 군대로 타깃을 제한할 것이다. 러시아 본토보다는 기껏해야 러시아가 점령한 우크라이나 지역과 크림반도를 공격할 것이다.

왜? 그만큼 미국도 러시아의 핵 공격을 두려워하고 있기 때문이다.

앞서 말했듯 만약에 러시아가 핵무기로 미국을 공격한다면, 수십 발을 동시에 쏠 것이 분명하다. 미사일 방어 시스템으로 막는다고 해도 한두 발은 놓칠 수 있다. 핵폭탄 한 발만 떨어져도 미국의 도시 하나는 완전히 잿더미로 변할 것이다.

한반도는 핵전쟁에서 안전할까

우크라이나 전쟁은 멀리 떨어진 한국에서도 핵무기에 대한 논쟁을 이끌어 냈다. 사실상 핵전쟁이 현실적으로 일어날 가능성이 높아지자, 한국 내에서도 핵무기 생산이나 핵무기 배치를 놓고 왈가왈부하고 있다. 이 문제는 근본적인 해결책이 없이는 당분간 쉽게 가라앉거나 정리되지 않을 것이다.

물론 북한이 핵무기를 폐기한다면 간단하게 문제는 풀리겠지만, 북한이 핵무기를 포기하리라고 믿는 국민은 거의 없다.

그동안 역대 정권과 미국이 북한이 핵무기를 폐기하도록 당근과 채찍을 병행했지만 전혀 먹히지 않았다. 북한은 시간만 끌면서 핵무기를 더욱 개발해 왔다.

또한 미국이 핵우산을 제공하겠다는 약속이나 핵잠수함을 제공하겠다는 약속만 믿고 가만히 있기란 쉽지 않다. 아프가니스탄에서 도망치듯 철수한 미군을 봐도 그렇고, 미국의 강력한 경고를 비웃듯 우크라이나를 침공하여 전쟁을 벌이는 러시아를 봐도 그렇다. 핵 공격의 공포로 인해 러시아 본토는 아예 공격도 못해 보고 일방적으로 방어만 하는 우크라이나의 모습에서도 그렇다.

우리나라 국민은 핵무기의 위력을 생생하게 목격하고 있다. 이 때문에 한국의 핵무기 생산을 찬성하는 국민들은 계속 늘어만 가는 상황이다.

2023년 1월 30일, 〈조선일보〉를 통해 공개된 최종현 학술원의 여론 조사에서 한국이 독자적으로 핵을 개발해야 하는지 물었다. 1000명 가운데 76.6%가 필요하다는 응답을 했으며, 77.6%는 북한 비핵화가 불가능하다고 답했다. 북핵에 대해 느끼는 위기감이 상당하다는 사실을 보여주고 있다. 한반도의 핵

2025년 2월 26일, 북한이 서해 해상에서 핵무기를 탑재할 수 있는 '전략 순항 미사일' 발사 훈련을 했다. 북한의 전략 순항 미사일은 낮은 고도에서 정확하게 목표물을 타격했다.

이슈는 더 이상 방치하거나 무시할 수 없게 되었다.

독자적인 핵 개발은 미국이 추진하는 비핵화라는 세계적인 이슈에 정면으로 도전하는 행위이다. 수출로 살아가는 한국 경제에 상당한 타격을 줄 수 있다. 그럼에도 국민들의 대다수가 독자적 핵 개발을 원한다는 것은 경제를 희생하면서라도 안보를 지키겠다는 의지라고 해석할 수 있다. 물론 독자적 핵무기 개발로 인한 경제적 타격에 대해 현실적으로 고민하지 않았을 가능성도 있지만.

또 다른 해석으로는 지금까지 한국의 안보를 책임졌던 미국에 대한 신뢰성에 상당히 금이 갔다고 할 수 있다. 더 이상 미국을 절대적으로 신뢰할 수 없기에 독자적 핵무기 개발만이 한국의 생존을 지켜줄 수 있다고 생각하는 것이다.

2023년 4월 4일, 빌 클린턴 전 미국 대통령은 미국 언론을 통해 사과했다.

> "우크라이나의 핵무기를 러시아가 수거하도록 미국이 도와서 전쟁의 원인을 제공했다."

러시아의 우크라이나 침략은 이미 우크라이나가 러시아에 핵무기를 내줄 때부터 예견되었다. 1994년 부다페스트에서 미국과 영국, 러시아의 정상들은 러시아에 모든 핵무기를 넘기는 대신에 우크라이나의 안전을 보장한다고 약속했다. 그러나 우크라이나는 강대국들이 서명한 문서에 속았다. 만약 우크라이나가 핵무기를 내주지 않았다면, 그래도 러시아가 우크라이나를 침공했을까?

우크라이나는 이미 폐허로 변했으며, 인구의 반인 2천만 명

우크라이나 리비우에서 유럽으로 탈출하기 위해 대기하고 있는 우크라이나 난민.
(2022년 3월 7일)

이 난민이 되어 유럽을 떠돌고 있다. 젤렌스키 우크라이나 대
통령은 전쟁을 계속하기 위해 전 세계를 대상으로 원조를 호소
하러 다니고 있다. 눈앞에서 비극이 벌어지고 있는 것이다.

전쟁은
무엇인가

전쟁과 발명품

과학과 기술이 전쟁을 통해 급속도로 발전했다는 주장은 맞을까?

이 말은 반은 맞고 반은 틀렸다. 인류 역사에서 전쟁은 항상 있었기 때문에

이 말이 꼭 맞다고는 할 수 없지만, 그렇다고 틀린 말도 아니다. 사실상

모든 규제나 제한이 무시된 전쟁 중에 새로운 시도를 해 보는 경우가 많다.

우리가 일상적으로 사용하는 캔은 음식을 장기간 보관하기 위해 나폴레옹

전쟁 기간 중에 발명된 것이다. 나폴레옹은 당시 음식을 오래 보관하는

방법으로 캔을 발명한 사람에게 엄청난 금액의 상금을 주기도 했다. 제1차

세계대전 중에 혈액 보관과 수혈 방법이 급속도로 발전했다. 전쟁에서

부상당한 많은 병사를 치료하는 과정에서 의학 실험도 다양하게 이뤄졌고

의학도 급속히 발전했다.

제2차 세계대전 중에 발명된 중요한 물품으로 야간 투시경이 있다.

투시경으로 야간에도 상대방의 움직임을 구별할 수 있게 되면서 많은

도움이 됐다. 컴퓨터도 이 당시에 나온 발명품이다. 물론 당시의 컴퓨터는

어마어마한 크기의 계산기로 시작했지만, 지금은 크기도 작아졌으며 처리 속도도 엄청나게 빨라졌다.

무전기, 워키토키도 제2차 세계대전 때 발명되어 군사용으로 사용되었다. 무전기로 전장에서 병사들끼리 긴밀하게 연락할 수 있게 되면서 전투가 효율적으로 나아졌다. 그 뒤에 워키토키는 넓은 작업 현장이나 철도 운영 같이 작업자들끼리 긴밀하게 의사소통이 필요한 곳에 광범위하게 사용되고 있다.

레이더와 마이크로웨이브도 전쟁 중에 발명되었다. 레이더는 제2차 세계대전 중에 실전에 배치되어 잠수함이나 항공기 위치를 추적할 수 있어서 공군과 해군에 많은 도움을 줬다. 마이크로웨이브는 레이더와 같은 원리로써 주파수를 높이면 음식물도 녹게 만든다는 것을 알고 난 뒤 생활에 적용되었다.

전쟁과 무기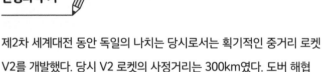

제2차 세계대전 동안 독일의 나치는 당시로서는 획기적인 중거리 로켓 V2를 개발했다. 당시 V2 로켓의 사정거리는 300km였다. 도버 해협 맞은편인 프랑스 칼레에서 미사일을 발사하면 영국의 수도인 런던 어디든 도달해서 막대한 피해를 입힐 수 있었다.

제2차 세계대전이 끝나자마자, 수천 명의 독일 과학자들은 강제로 미국과 소련으로 이주해야만 했다. 미국과 소련은 군사 작전 수준의 비밀 작전을 통해 경쟁적으로 독일의 과학자들을 데려갔다. 소련은 V2 로켓을 직접 개발했던 연구소의 과학자와 엔지니어 2500여 명을 기차에 실어 소련으로 이주시켰으며, 미국은 1600여 명의 과학자들을 데려갔다. 최초의 우주인 '가가린'이 소련에서 나올 수 있었던 이유도 당시 V2 로켓을 직접 개발했던 과학자들을 데리고 있었기 때문이다. 우주 경쟁에서 패배한 미국 나사(NASA)는 비상이 걸렸다. 결국 나사는 한 단계 더 높은 프로젝트를 추진해 아폴로 11호를 달에 착륙시키는 데 성공했다. 이를 성공시킨 과학자들은 두말할 나위 없이 나치 독일에서 일했던 과학자들이었다.

인터넷은 베트남 전쟁 중인 1969년에 발명됐으며, 실제로 군사용으로 사용되었다. 모든 정보를 유선으로 교환하던 시대에 지구 반대편에 위치한 사람들끼리 무선으로 통신할 수 있게 되면서 통신 교류에서 혁명적 전환이 이뤄졌다. GPS는 1978년에 발명됐으며, 군사용으로만

폴란드 블리즈나의 미사일 발사장에 있는 독일 V2 로켓. (1944년 6월)

사용하다가 1993년에 모든 민간 항공에서 사용하게 되었다. 이로 인해 민간 항공기 경로를 추적할 수 있게 되었다.

맨해튼 프로젝트

1949년 8월 29일, 카자흐스탄 세미팔라틴스크에서 핵 실험을 성공적으로 마치며 러시아는 미국에 이어 세계에서 두 번째로 핵폭탄을 가진 나라가 되었다. 일본에 핵무기를 투하한 미국에 주눅 들어 있던 러시아는 핵 실험에 성공하며 큰 자신감을 갖게 되었다. 물론 러시아가 당시에 핵 기술을 자체적으로 개발한 게 아니라 스파이 활동으로 획득한 결과물이었지만. 미국의 핵무기 개발 프로젝트 '맨해튼 프로젝트' 팀의 핵무기 개발 책임자 오펜하이머와 두 명의 핵물리학자가 러시아 스파이들에게 자료를 넘겨주었으며, 러시아는 이 자료들을 토대로 핵무기를 개발할 수 있었다. 이 사실은 소비에트 연방의 KGB(국가보안위원회) 고위직에 있으면서 직접 핵무기 자료를 넘겨받았던 파벨 수도플라토프의 비망록에 잘 나와 있다.

미국 측 과학자들은 일본에 투하된 핵무기의 어마어마한 위력을 직접 보면서 미국이 핵무기를 독점하면 더 큰 재앙이 올 것이라고 생각했다. 그래서 러시아에 핵무기 개발 기술을 넘겨줬다. 결론적으로 이들의 생각은 옳았다. 핵무기가 한 국가에만 독점되지 않고 여러 국가에 분산되자, 서로를 견제하며 더 이상 핵무기를 전쟁에 사용하지 않게 되었다.

트리니티 핵 실험 폭발 장면. (브래드버리 과학 박물관에 전시된 사진)
맨해튼 프로젝트의 일환으로 1945년 7월 16일, 뉴멕시코주의 실험장에서 '트리니티'라는
이름이 붙은 최초의 핵 실험이 진행되었다. '가젯'이라는 이름이 붙은 핵폭탄이 폭발하고 있다.

가젯 복제품. (브래드버리 과학 박물관에 전시)
트리니티 핵 실험에서 '가젯'은 TNT 약 2만 톤에 맞먹는 에너지로 폭발했다. 미국은
이 실험이 성공한 지 채 한 달이 지나지 않아, 일본 히로시마와 나가사키에 핵폭탄을
떨어뜨렸다.

누구를 위한 용병인가

러시아와 우크라이나가 전쟁에 용병을 동원하며 더욱 문제가 되고 있다. 러시아는 오래전부터 '바그너 그룹'의 용병이 여러 전쟁에 참여하며 이름을 날리고 있었다. 우크라이나는 2022년 러시아가 침략하자 여러 나라에서 전투병을 모집했다. 러시아와 우크라이나가 동원한 용병은 정확하게 파악되지는 않았지만 수천 명에서 많게는 수만 명에 이른다.

2023년 8월, 항공기 추락 사고로 '프리고진'이 사망했다. 그는 우크라이나 전쟁으로 유명해진 바그너 그룹의 회장이었다. 프리고진은 소비에트 연방 시절 절도와 사기로 감옥에서 7년을 복역한 범죄자였지만, 핫도그 장사로 돈을 벌어 페테르부르크의 명물인 보트 레스토랑을 차려서 유명해졌다. 푸틴이 단골손님이 되면서 세계 각국의 귀빈들이 그의 식당을 드나들기 시작했다. 프리고진은 푸틴을 배경 삼아 나중엔 러시아 군부대의 급식을 독점하면서 엄청난 수익을 올리기 시작했다. 한 해 수익만 해도 1.2조 원이 되었다. 그 뒤 국제적 용병 회사를 만들어 세계 각국에서 활동하면서 돈을 벌어들였다. 우크라이나 전쟁에 바그너 그룹은 죄수를 포함한 5만 명의 용병을 동원하며 러시아군의 한 축을 이루었다.

도네츠크 인민 공화국 대법원이 영국인 2명과 모로코인(가운데) 1명에게 사형을
선고했다. 이들은 용병으로서 우크라이나군을 위해 싸우다 항복한 혐의를 받았다.
(2022년 6월 9일)

바그너 그룹은 푸틴 대통령이 가장 의지하는 민간 용병 조
직이다. 바그너 그룹은 교도소의 중범죄 장기수들을 용병으로
채용하여 열흘 동안 군사 훈련을 시킨 뒤에 전선에 배치하는
것으로 알려졌다. 이들은 전선에서 6개월을 보내면 석방해 주
는 조건으로 계약을 맺는다고 한다. 이뿐만 아니라 우크라이나
와의 전선에서 전투를 벌이다 돌아온 죄수들은 러시아 사회에
서 최상급으로 대우해 주기를 요구하고 있다. 러시아 사회에서

최상급 대우는 러시아 경찰들이 최고로 대우해 주는 것을 의미한다.

잠비아에서 러시아로 유학을 왔던 학생이 범죄를 저질러 교도소에 수감되었다가 바그너 그룹에 자발적으로 지원했는데 죽임을 당한 일이 있었다. 이에 잠비아 정부가 러시아를 비판하면서 바그너 그룹이 수면 위로 떠오르게 됐다. 물론 그전에도 우크라이나 정부로부터 문제 제기가 있었지만, 잠비아 정부가 비난하면서 바그너 그룹이 러시아 교도소에 있는 죄수들을 전선으로 보낸다는 사실이 확인된 것이다.

러시아 용병들은 자신이 배치된 지역에서 각종 범죄를 저질렀다. 민간인을 강간하거나 강도 짓을 했고, 탈영병을 고문하거나 살해해서 인권 단체로부터 고발당했다. 바그너 그룹의 소유주인 프리고진은 나름대로 훈육 슬로건을 내걸고 있다고 했다.

"술을 너무 많이 마시지 마라."
"마약을 사용하지 마라."
"여성들을 강간하지 마라."
"악한 일에는 나서지 마라."

하지만 이러한 훈육이 무슨 소용 있을까. 러시아 법률상 용

바흐무트를 차지한 뒤 러시아 국기를 휘날리는 바그너 그룹 용병들. (2023년 5월 20일)
도네츠크주 바흐무트는 러시아 우크라이나 전쟁 최대 격전지였다.

바흐무트의 파괴된 건물. (2023년 4월 26일)

병을 고용하는 것 자체가 불법이다. 그러니 범죄가 발생해도 사상자가 발생해도 러시아 정부는 아무런 언급을 하지 않는다. 별개의 문제로 취급하면서 아무런 대응도 하지 않는 것이다.

지난 2022년 12월, 백악관의 안보 대변인 존 커비는 바그너 그룹이 정규직 1만 명과 죄수 4만 명을 포함해 우크라이나에 5만 명의 용병을 보냈다고 주장했다. 또한 미 국방부는 러시아 정부와 바그너 그룹이 소금과 석고를 생산하는 광산이 있는 '바흐무트'를 차지하기 위해 수많은 사상자를 냈다며 비난했다.

그러나 미국도 바그너 그룹을 비판할 입장이 아니다. 미국은 이전에 '블랙워터'라는 용병 회사와 계약을 맺어 이라크 전쟁과 아프가니스탄 전쟁을 치렀다. 심지어 아프가니스탄 전쟁에서는 용병들이 차지하는 비율이 거의 70%나 됐다.

한편 러시아는 우크라이나가 서방 세계에서 원조받은 무기가 우크라이나가 고용한 용병을 무장시킨다며 미국와 유럽의 원조를 강하게 비판했다. 2022년 4월, 워싱턴 주재 아나톨리 안토노프 러시아 대사는 경고했다.

"서방 세계의 무기들이 우크라이나의 전선으로 투입되는 것은 불에다 기름을 붓는 것과 같다."

사실 미국도 이 문제는 심각하게 걱정하고 있다. 미국이 2021년에 아프가니스탄에서 철수하면서 회수하지 못하고 남겨 놓은 무기는 모두 70억 달러에 달했다. 그런데 이 무기들은 고스란히 탈레반의 손에 들어가서 탈레반을 재무장하는 데 쓰이고 있거나, 무기 암시장에 나와 엄청난 수입을 올리고 있다. 아프가니스탄과 파키스탄 국경을 접한 곳에 있는 무기 암시장은 무기를 싼값에 구입하려는 사람들로 언제나 붐을 이루고 있다. 미국이 제공한 무기가 결국 미국을 향해 총구를 겨누게 된 것이다.

역사에서
용병들

사실 역사적으로 용병들은 언제나 존재했다. 고대 그리스·로마 시대에도 용병들은 존재했다. 유명한 알렉산드로스 대왕의 원정 때도 용병들이 군대의 반을 넘었다고 한다. 물론 용병의 숫자에 대한 기록은 남아 있지 않지만, 알렉산드로스 대왕의 아버지 필리포스 2세가 전투할 때 용병들로 군대의 반을 채웠다는 기록이 남아 있다.

로마 시대 때는 용병들 덕분에 거대한 로마 제국을 유지할 수 있었다. 로마 제국은 정복한 광활한 땅을 지켜내기 위해서 많은 병사들이 필요했고, 로마 제국은 용병들을 고용할 수 있는 부자 나라였다. 1453년까지 버텼던 동로마 제국은 서로마 제국보다 용병에 의지하는 비중이 훨씬 컸다. 1386년, 6월에 코소보 벌판에서 벌어진 세르비아와 튀르키예의 한판 승부에서는 세르비아 10만의 병력에 전 유럽에서 온 수만의 용병들이 함께했다.

대영 제국도 해가 지지 않는 나라를 지키기 위해 많은 용병들을 고용했다. 특히 많은 인도인들을 용병으로 고용했으며, 이는 제2차 세계대전이 끝날 때까지 이어졌다.

용병을 쓰는 이유는 경제적이기 때문이다. 용병은 전쟁 기간만 계약하기 때문에 전쟁이 끝나면 돈을 주지 않아도 된다. 하지만 정규군의 경우에는 전쟁이 있든 없든 지속적으로 월급을 지급해야 한다. 그리고 용병이 전쟁터에서 희생되더라도 국가 전사자 명단에 오르지 않으니, 국가로서는 뒤처리할 일이 없어서 좋다.

또한 용병은 정치적인 부담이 없다. 만약 정규군이 민간인을 학살하면 정치적 위기와 국제적인 비판에 직면하지만, 계약직 용병이 문제를 저지르면 용병 회사로 문제를 떠넘기면 그만이다. 2007년, 이라크 전쟁에서 '블랙워터'라는 용병들이 바그다드의 니수르 광장에서 17명의 비무장 민간인들을 죽였다. 물론 그전에도 블랙워터는 유명한 용병 회사였지만, 이 사건으로 블랙워터는 악명을 날리게 되었다.

이라크 바그다드에서 폴 브레머 미국 최고행정관을 경호하고 있는 블랙워터. (2003년 9월 8일)

이쪽 아니면 저쪽,
신냉전 시대

러시아의 우크라이나 침략은 세계를 두 진영으로 갈라놓았다. 러시아를 지지하든 우크라이나를 지지하든 사실상 중립적 위치에 설 수 없게 되었다.

> 이것 아니면 저것이라는 이분법적인 대립이 지배하는 상황이 바로 전쟁이며, 적이 아니면 친구가 되는 게 전쟁의 세계일 수밖에 없다.

얼마 전에는 브라질이 러시아 편으로 돌아섰다. 미국에 비판적인 좌파의 '룰라'가 정권을 잡으면서 브라질은 러시아를 지지하는 세력으로 등장했다. 우리나라는 미국과 동맹 관계로 인해 우크라이나 편으로 분류되며, 러시아와는 대립되는 진영에 서게 됐다. 어쩔 수 없는 일이니, 러시아도 이해할 것이다.

러시아는 비록 유럽이 적으로 돌아섰지만 중국과 인도, 브라질 등 인구가 많은 국가를 지지 세력으로 얻었다. 이들 국가는 러시아가 직면한 경제적 위기를 해결하기 위해서도 중요하다. 러시아는 석유와 가스를 수출해서 돈을 벌었다. 그런데 전쟁이 일어나자 주요 가스 수입국이었던 유럽이 러시아로부터 가스 수입을 금지했다. 러시아는 가스를 수출할 수 있는 국가를 찾아야 했다. 이제 중국과 인도가 러시아의 석유와 가스를 수입하는 러시아의 가장 중요한 무역 파트너로 떠올랐다.

미국이 주도한 경제적인 압박으로 러시아 경제가 고립되고 러시아는 위기를 맞아 붕괴하리라고 기대했다. 하지만 여전히 러시아는 경제적으로 건재해 보인다. 물론 이전보다 러시아 국민들의 생활 수준은 낮아졌지만, 그렇다고 러시아가 굶주린다고는 말하기 어렵다. 그리고 러시아가 굶주린다고 해도 항복하지 않으리라는 사실은 명확하다. 2023년 1월 12일, 콘돌리자 라이스 전 미국 국무장관은 말했다.

"경제적으로 압박해서는 러시아를 굴복시킬 수 없다. 오직 우크라이나에 중무기를 공급해 러시아를 전투에서 굴복시키는 방법밖에 없다."

러시아는 정말 경제적 압박에 굴복하지 않을까? 러시아는 미국이나 서방의 국민들과는 질적으로 다르며, 고난에 맞서는 태도 또한 다르다. 제2차 세계대전 당시 독일은 러시아의 페테르부르크를 거의 2년 반 동안 포위해 시민들을 굶어죽기 직전까지 몰아갔다. 하지만 러시아인들은 지옥 같은 상황에서도 항복하지 않고 버텨 도리어 나치 독일을 굴복시켰다.

물론 경제가 어려워지면 푸틴에 대한 여론이 악화될 수는 있지만, 그렇다고 해도 푸틴 정권이 바뀌지는 않을 것이다.

도리어 러시아 국민들이 경제적 압박을 가한 서방에 맞서 더 굳건하게 단결할 가능성이 크다.

어쨌든 세계는 분열되면서 신냉전 시대로 들어서고 있다. 러시아에 맞서 우크라이나를 전적으로 지원하는 나라들은 단연코 나토 회원국들이다. 나토의 창립 멤버 국가들은 캐나다, 벨기에, 덴마크, 프랑스, 아이슬란드, 이탈리아, 룩셈부르크, 네덜란드, 노르웨이, 포르투갈, 영국, 미국이다. 여기에 더해 그리스, 튀르키예, 독일, 스페인, 체코, 헝가리, 불가리아, 에스토니아, 라트비아, 루마니아, 슬로바키아, 슬로베니아, 알바니아, 크로아티아, 몬테네그로, 북마케도니아 등이 나토 회원국으로 우크라이나를 지지하고 있다. 일본, 한국, 호주도 우크라이나 지원국에 포함된다.

우크라이나에 맞서 어떤 국가들이 러시아를 지원하고 있을까? 벨라루스는 러시아의 가장 큰 지지국이며 러시아 군대가 자국 영토에서 우크라이나에 진입하는 것을 허용했다. 다른 지원 국가들은 쿠바, 니카라과, 베네수엘라, 키르기스스탄이다. 몇몇 국가는 간접적으로 러시아의 침략을 지지하거나, 러시아나 우크라이나 어떤 국가에도 찬성이나 반대를 드러내지 않았다. 시리아는 러시아가 우크라이나 동부를 모스크바로 합병한 일을 지지했다. 이란은 나토가 러시아를 도발하여 원인을 제공했다며 러시아의 침략을 정당화했다.

아랍에미리트와 사우디아라비아는 러시아에 대한 비판을 거부했다. 이들은 중립을 표방하고 있다. 이들 국가는 러시아와 같은 산유국이어서 이해관계가 같다. 카자흐스탄은 러시아의 동맹이면서도 모호한 태도를 보여왔으며, 합동 군사 훈련에도 군대 파견을 거부했다. 아르메니아는 유럽 의회에서 러시아를 몰아내는 데에는 반대했지만, 침략에 대해서는 침묵했다. 중국과 인도는 중립적인 태도를 표방하면서 러시아에서 석유를 수입하고 있다.

이렇게 세계가 양쪽으로 나뉘어 새로운 냉전 시대가 오는 것일까?

브릭스 파워

◇◇◇◇◇◇◇◇◇◇◇◇◇◇◇

미국이 세계를 독점하는 구조가 하루아침에 바뀌진 않겠지만, 더 이상 미국에게만 주도권이 있지는 않을 것이다. 미국을 비롯한 서방 세계는 러시아가 전쟁을 일으키자 러시아를 국제금융통신망(SWIFT)에서 제외했다. 러시아를 국제 무역 시스템에서 소외시켜 경제를 위기에 빠뜨려 폭삭 망하게 만들려는 목적이었다. 하지만 여전히 러시아는 석유와 가스를 판매하면서 생존하고 있다. 이유는 미국의 독점적 세계 지배에 대항하여 조직된 브릭스(BRICS) 국가들의 협력 덕분이다.

브릭스(BRICS)는 브라질Brazil, 러시아Russia, 인도India, 중국China, 남아프리카공화국Republic of South Africa 다섯 국가의 이니셜에서 따왔다. 브릭스는 선진 국가들의 모임인 G7에 대항한 모임으로 2001년부터 준비하여 2009년에 첫 미팅을 가졌다. 이때는 남아프리카공화국이 빠진 상태였으나 곧 합류하면서 BRIC에서 BRICS로 명칭이 바뀌었다. 이들 국가는 세계 인구의 42%를 차지하며, 거대한 인구와 영토를 바탕으로 과학 기술 분야에서 도약을 이룬 나라들이다. 브릭스는 새로운 슈퍼파워 기구로 떠오르면서 세계 경제에서 중요한 축이 되고 있다.

브릭스가 출범한 지 15주년이 되는 해인 2024년 10월에는

2024년 10월 24일, 러시아 카잔에서 열린 브릭스 정상 회담.

■ 2009년 브릭(BRIC·브라질, 러시아, 인도, 중국)으로 출범
■ 2010년 남아공 가입. 브릭스(BRICS)로 확대
■ 2024년 1월 1일 가입. 회원국 두 배로 확장
■ 2025년 1월 6일 인도네시아 가입

브릭스에 가입한 국가. (2025년 1월 6일 기준) ▶

더 많은 국가들이 합류하면서 덩치가 커졌다. 2024년 1월에 아르헨티나, 이집트, 에티오피아, 이란, 사우디아라비아, 아랍에미리트 등이 정식으로 새로운 회원국으로 초대받았다. 그러나 아르헨티나와 사우디아라비아는 초대를 거절했다. 여전히 한 치 앞도 내다볼 수 없을 정도로 불투명한 국제 정세 때문일 것이다. 미국과 유럽의 눈치를 봐야 하는 여러 국가들이 마음은 있어도 쉽게 결정하지 못하고 있다. 그럼에도 2024년 브릭스 총회에 참석한 9개 회원국을 제외하고도 약 50개국이 후보국으로 등록해 놓은 상태이다.

브릭스는 앞으로 유엔의 개혁을 주도하겠다는 의지를 표명했으며, 미국 달러의 영향에서 벗어나기 위해 달러를 국제통화로 사용하지 않겠다고 밝혔다. 이미 중국과 러시아는 석유를 거래하면서 중국의 위안화를 사용하고 있다. 미국의 달러에 맞서 중국의 위안화는 더욱 확대되어 사용될 것이다. 또한 브릭스는 디지털화폐도 출범시켰다. 물론 영향력은 아직 미미하다.

그렇다고 세계가 아직까지 완전히 두 진영으로 분리된 것은 아니다. 여전히 미국과 유럽 등 서방 세계와 가까우면서도 브릭스에 가입해 있는 나라가 있다. 중국과 인도의 경우, 미국이나 서방 세계와 완전히 관계를 단절한 상태도 아니다. 인도는 이전부터 제3의 길을 추구해 온 국가로서 양쪽 세력과 거리를 두는 정책을 실행해 왔다. 이 때문에 인도를 끌어들이기 위해 미국은 많은 노력을 기울였다. 특히 미국이 추진하는 인도에서 이스라엘, 그리고 유럽까지 아우르는 철도와 통신망, 파이프라인 프로젝트는 인도를 서방의 편으로 끌어들이려는 시도로 해석할 수도 있다.

시리아
정부군

레바논
헤즈볼라

이라크
민병대

이란
혁명수비대

이스라엘

가자지구
**하마스·
이슬라믹
지하드**

사우디아라비아

예멘
후티 반군

☀ 충돌

1 대 20이라는 끔찍한 비율

2023년 10월 7일, 가자 지구를 지배하고 있는 하마스 소속 무장 단체가 가자 지구와 접한 이스라엘 국경 부근의 키부츠를 공격해 약 1200명을 살해하고 251명의 인질을 납치해 갔다. 곧 이스라엘 정부는 하마스와의 전쟁을 선포하고 가자 지구에 폭격과 더불어 지상군을 투입했다. 인질 석방과 종전을 위한 협상이 진행되고는 있지만, 아직도 협상이 결말에 도달하지 못하고 있다. 이스라엘 내에서는 지금도 하마스에 잡혀 있는 인질을 석방해 달라고 호소하는 가족들이 집회와 시위를 계속하고 있다. 언론에서는 오늘내일 협상이 성사될 것처럼 말했지만, 여전히 협상에 도달했다는 소식은 들려오지 않는다.

이토록 협상을 간절히 바라는 이유는 이 전쟁이 민간인을 끔찍하게 학살하고 있기 때문이다. 2023년 10월 7일, 이스라엘 하마스 전쟁이 시작된 이래, 하마스는 이스라엘군이 4만 명의 팔레스타인 사람을 학살했다고 발표했다. 물론 이스라엘의 발표는 다르다. 이스라엘군은 1만 7천 명의 팔레스타인 무장군을 사살했다고 발표했다. 어찌 됐든 가자 지구에서 하루 평균 100명 이상이 사망했다고 볼 수 있다. 당연히 희생자들 대부분은 팔레스타인에서 살아가고 있는 민간인들이다. 이들 중 50% 이상이 여성과 어린이며, 100명 이상의 언론인도 살해당했다.

이스라엘은 하마스와의 전쟁을 선포한 뒤로 공습과 폭격을 퍼부어 비무장한 팔레스타인 사람들을 죽음으로 몰고갔을 뿐만 아니라, 가자 지구 전체를 포위해서 물과 의약품, 음식물이 들어가지 못하게 막았다. 많은 팔레스타인 사람들을 굶주림과 비위생적인 환경에 내몰아 죽게 내버려둔 것이다. 우리나라를 비롯하여 전 세계 104개국이 가입한 국제형사재판소가 최근에 이스라엘을 학살국으로 낙인찍었고, 네타냐후 이스라엘 총리와 갈란트 전 국방장관을 전범으로 지명하여 체포 영장을 발부했다. 이로 인해 네타냐후 총리는 국제형사재판소에 가입한 104개국에는 발을 들여놓지 못하는 신세가 되었다.

2002년, 팔레스타인에서 대대적인 무장봉기가 일어났을 때

이스라엘의 공습을 받은 라파 난민촌에서 팔레스타인 주민들이 부상당한 사람들을 옮기고 있다. (2023년 10월 12일)

이스라엘인과 팔레스타인인의 사망 비율은 1 대 3이었다. 이스라엘인이 한 명 죽으면 팔레스타인 사람은 세 명이 죽었다. 그때는 도를 넘었다는 국제 여론의 비판은 없었다. 팔레스타인에서 유대인 민간인들을 향해 폭탄 테러를 일삼아서 팔레스타인 측에 큰 동정심을 가지지 않았기 때문이다.

그 뒤로 20년 이상이 지나면서 사망자 비율은 많이 변했다. 1 대 3이 아니라 1 대 20으로 바뀌었다. 유대인 한 명이 죽으면 팔레스타인인은 스무 명이 죽었다. 물론 갑자기 비율이 늘어난 것은 아니다. 1 대 5에서 1 대 8, 1 대 10으로 시간이 지나면서 서서히 늘어났다. 이제 국제 여론도 이스라엘을 비판하는 분위기로 돌아섰다. 이스라엘이 일방적으로 너무 많은 민간인을 죽이고 있다는 국제 여론이 들끓고 있다.

이스라엘은 230만 명의 팔레스타인인이 거주하는 가자 지구의 80%를 파괴했으며, 100만 명 이상의 피난민을 만들었다. 이들은 머물던 집이 모두 파괴되어 더 이상 갈 곳이 없다. 여전히 이스라엘의 공습은 멈추지 않고 있다. 그럼에도 불구하고 하마스 측은 납치해 간 100여 명의 인질을 이스라엘과의 협상을 위한 볼모로 여전히 감금해 놓고 있다.

전쟁의 트라우마

인간에게는 누구나 행복하게 살 보편적인 권리가 있으며 특히 어린이는 더욱 행복하게 살 권리가 있다. 유엔아동권리협약 38

조 4항에는 다음과 같이 명시하고 있다.

전쟁 중에는 어떤 수단을 써서라도 어린이는 반드시 보호
하고 보살펴야 한다.

그러나 현실은 그렇지 못하다. 어린이가 이용하는 학교나 병
원을 폭격하거나 어린이를 향한 발포 행위도 일어나고 있다.

이보다 더 심각한 것은 어린이를 전쟁에서 방패막이로 이용
하는 일이다. 팔레스타인 가자 지구에서 실제로 이런 일이 벌어
지고 있다. 하마스는 자신들의 정치적 목적을 달성하기 위해 어
린이를 이용해 왔다. 어린이를 위험한 시위에 내보내거나, 어린
이가 모이는 학교나 병원을 전투 본부나 무기 저장소로 사용하
기도 했다. 이런 행위가 어린이를 위험에 빠뜨리는 줄 알면서도
여전히 계속하고 있다.

가자 지구에는 약 2백만 명의 팔레스타인 사람이 살고 있으
며, 약 120만 명의 난민이 난민 캠프에서 생활하고 있다. 가자
지구에서 살고 있는 어린이는 항상 전쟁에 대한 공포심과 함께
이스라엘에 대한 증오심을 가지고 있다. 2014년에 7월과 8월
두 달 동안에 이스라엘이 가자 지구를 공격해서 수천 명의 팔레
스타인 사람들이 죽거나 다쳤다. 당시의 공격은 어린이에게 전

하마스에 끌려간 최연소 인질, 아기 크피르 비바스의 무사 귀환을 촉구하는 포스터.
하마스는 크피르가 2023년 12월 29일 이스라엘의 공습으로 사망했다고 밝혔다.

쟁으로 인한 트라우마를 안겨주었다. 가자 지구의 어느 난민 캠
프에 사는 11살의 '아부 세밥'은 일 년이 지나도 제대로 잠을 이
룰 수 없었다. 잠이 들면 귀에서 계속 전투기 소리와 폭격 소리
가 들려오면서 식은땀을 흘리며 깨곤 했다.

"우리는 거리에 있었습니다. 갑자기 폭발음이 들려오면서 우리 옆에 있던 집이 무너졌습니다. 나와 형이 다쳤는데, 형은 그 자리에서 숨을 거뒀습니다."

같은 11살인 '아흐마'도 같은 증상에 시달렸다. 아흐마는 밤만 되면 악몽을 꾸다가 엄마에게 달려갔다. 전쟁 중에 본 흰 가운을 입은 의사들과 죽은 사람들이 자꾸 꿈에 나타났다.

가자 지구 공습 뒤에는 팔레스타인 어린이들의 행동이 많이 달라졌다고 한다. 형제자매 혹은 친구와 자주 다투었고, 놀지 않고 말없이 혼자 있는 어린이가 많아졌다. 이스라엘과 팔레스타인 사이의 전쟁은 단지 팔레스타인 어린이들만 공포에 떨게 만드는 게 아니라, 이스라엘 어린이들에게도 똑같은 공포를 준다. 어린이를 위해서라도 전쟁은 반드시 중단돼야 한다.

이스라엘과 팔레스타인 전쟁에서는 누구도 승리자가 될 수 없다. 가해자가 피해자가 되고 어느 순간에는 피해자가 가해자가 되는 악순환이 반복되고 있다. 전쟁을 겪으면서 자란 어린이들과 전쟁을 겪지 않고 평화로운 환경에서 즐겁게 자란 어린이들의 세계는 많은 차이가 있다. 나중에 어른이 된 뒤에는 하늘과 땅만큼 차이가 날 것이다.

2023년 10월 7일, 나는 그곳에 있었다

가자 지구에 사는 팔레스타인 청년 사미 이야기

나는 2023년 10월 7일 이전의 삶에 아주 만족하며 살았어요. 경영학 석사 학위를 취득했으며, 12월 초에 대학원 졸업식을 앞두고 있었어요. 하지만 나의 인생은 2023년 10월 7일 이후에 완전히 나락으로 떨어졌어요. 이 전쟁은 내 인생의 행복을 완전히 앗아가 버렸어요. 아버지와 어머니를 비롯한 친척들이 목숨을 잃었고, 여동생이 있던 교회에 이스라엘 비행기가 폭탄을 퍼붓는 바람에 여동생은 부상을 당했어요. 이런 일이 나에게 일어나리라고 상상하지 못했기에 나는 상황을 제대로 설명할 수조차 없었어요.

전쟁이 계속되는 동안 나는 식사를 준비하고, 도움이 필요한 모든 사람들을 도왔어요. 교회에서 기도도 했어요. 가자 지구의 주민들 대부분은 이슬람교도지만, 나는 아주 어렸을 때부터 교회에 다니며 성가대에서 활동했어요. 이스라엘의 폭격이 끝나고 나서는, 폭발로 다친 여동생과 이모를 돌봤어요. 여동생은 좋아졌지만 불행히도 이모는 세상을

이스라엘의 가자 지구 공습으로 다친 남성이 치료를 받고 있다. (2023년 10월 10일)

떠났어요. 상황은 내가 감당하기엔 너무 벅찼고, 건강도 나빠졌어요.
몸무게가 24kg이나 빠질 정도였어요.
나는 가졌던 모든 것을 잃었어요. 이스라엘군의 공습으로 집과 물건,
그리고 우리 가족이 타고 다니는 자동차, 모두 파괴됐어요. 친척과 가족은
모두 죽었고 나와 여동생만 살아남았어요. 내가 꿈꾸던 삶은 완전히

파괴되었고, 모든 꿈은 산산조각이 나버렸어요.

유대인 누리 이야기

2023년 10월 7일 아침에 미사일 공격을 받았다는 사이렌 소리를
들었을 때, 크게 신경 쓰지는 않았다. 보호소에서 기다리며 몇 시간만
지나면 끝나리라고 생각했기 때문이다. 내가 살고 있는 곳은 가자 지구와
국경에서 불과 2km밖에 떨어져 있지 않았기 때문에 하마스가 미사일이나
로켓으로 공격해 오면 항상 보호소로 들어갔던 경험이 있었다. 이날도
가볍게 생각하고 보호소로 들어갔다. 그러나 이번에는 달랐다. 2천 명의
하마스 무장군이 장벽을 부수고 넘어온 것이다.
나는 다섯 아이들과 보호소 안에 있으면서 밖에서 일어나는 모든 소리를
들었다. 하마스 무장군은 집에 들이닥치자마자 총을 쐈다. 보호소는
로켓으로부터 보호하기 위한 공간이었기 때문에 들어오려는 사람을 막을
수 있는 곳은 아니었다. 당연히 나는 문의 손잡이를 계속 잡고 있어야
했다. 무장군은 문을 열려고 했다. 마치 누가 더 강한지를 놓고 싸우는 것
같았다. 그들은 보호소 문을 열지 못하자 집에 불을 질렀다. 보호소
문 손잡이가 매우 뜨거워져 화상을 입었지만, 손을 놓지 않았다. 손잡이를
놓는 순간, 하마스 무장군이 우리를 모두 죽이리라는 사실을 알고 있었기
때문이다. 일곱 시간 뒤, 이스라엘 군대가 우리를 구하러 왔다. 구출돼
밖으로 나왔을 때 집과 살림살이는 모두 불타버렸고, 이웃에 살던 나의
삼촌 부부는 총에 맞아 죽었다. 온 마을이 불타서 폐허가 되었고, 사방에서
통곡 소리가 들렸다. 내 일생에서 가장 참혹한 경험이었다.

하마스 공습으로 불타버린 이스라엘 주택. (2023년 10월 20일)

세계의 화약고, 중동

이스라엘과 팔레스타인 사이에 전쟁이 일어난 배경을 이해하려면 '중동'과 '이슬람교', 이 두 키워드를 먼저 알아야 한다. 중동은 이슬람교의 발상지이며, 오늘날 이슬람교는 두 개의 종파로 나뉘어져 있다. 사우디아라비아가 종주국인 '수니파'가 전체 이슬람교의 85%를 차지하고 있으며, 이란이 종주국인 '시아파'는 10% 이상을 차지하고 있다.

이슬람교가 두 종파로 나뉜 것은 이슬람교의 창시자인 무함마드가 죽으면서부터였다. 아들이 없었던 무함마드는 계승자를 제대로 세우지 않고 죽었다. 무함마드가 죽은 뒤, 그의 장인이자 후원자였던 '아부바크르'와 사위이자 사촌이었던 '알리'

중동

중동은 서남아시아와 일부 북아프리카 지역으로 아프가니스탄, 사우디아라비아, 이란, 튀르키예 등 주로 이슬람교를 믿는 국가가 많다. 석유가 많이 나오는 지역으로 종교와 역사적으로 중요한 곳이 많다. '세계의 화약고'라고 불릴 만큼 땅과 나라를 둘러싼 분쟁이 있었고, 특히 이스라엘이 팔레스타인에 나라를 세우면서 여러 차례 전쟁이 일어났다.

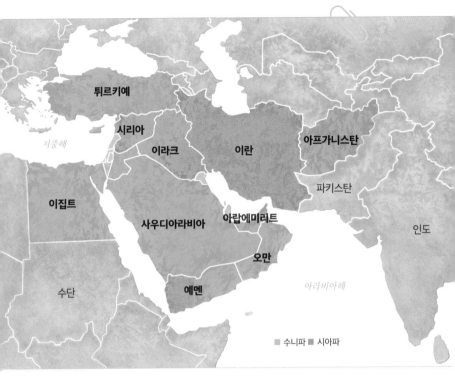

중동 이슬람 국가 종파 분포.

가 서로 후계자로 나서면서 대립과 충돌이 시작되었다. 아부바
크르를 합법적인 후계자로 여겼던 세력은 수니파, 알리를 후계
자로 세웠던 세력은 시아파였다. 그로부터 거의 1500년이 흐른
지금까지도 수니파와 시아파의 대립과 충돌은 계속되고 있다.

수니파의 종주국인 사우디아라비아와 시아파의 종주국인

이란은 원수처럼 싸워왔다. 서로 이슬람교의 종주국임을 내세우면서 전쟁도 서슴지 않았다.

그런데 아이러니하게도 시아파의 이란이 수니파의 팔레스타인을 지원하고 있다!

시아파인 이란이 원수와도 같은 수니파인 하마스와 가자 지구의 팔레스타인을 지원하는 이유는 전혀 논리적이지 않다. 하지만 이런 종파적 논리를 뛰어넘는 다른 논리가 존재했다. 수천 년 동안 전쟁으로 단련된 사막의 전사들 사이에서는 이런 말이 있다.

"나의 적의 적은 나의 친구다."

이란의 적 이스라엘과 싸우는 팔레스타인이 이란에게 친구가 된 것이다. 원래 이란과 가까웠던 나라는 이스라엘이었다. 이란은 송유관을 통해 이스라엘로 석유까지 공급해 주던 사이였다. 그러나 1979년, 이란에서 혁명이 일어나면서 미국과 서유럽, 이스라엘은 이란에서 쫓겨나는 모욕을 겪었다.

현재 이스라엘은 중동 전역에서 이슬람 무장 단체와 전쟁을 벌이고 있다. 이란과 레바논에 근거지를 둔 헤즈볼라, 가자 지구의 하마스, 이스라엘 가자 지구의 무장 단체들, 시리아, 이라크, 예멘의 후티 무장 단체 등이다. 가자 지구의 무장 단체와 가자 지구를 근거지로 둔 하마스를 제외하고는 모두 이슬람 시아파 무장 단체들이다. 이란은 이스라엘을 대적하기 위해 기꺼이 이스라엘의 적, 하마스의 편이 되었다.

피와 눈물의 땅 팔레스타인

현대사의 비극으로 꼽는 이스라엘과 팔레스타인 전쟁은 거슬러 올라가면 모두 팔레스타인 문제에서 시작됐다. 중동이 여러 국가로 나뉘기 전, 중동을 실질적으로 지배한 국가는 '오스만 제국'이었다. 오스만 제국은 제1차 세계대전에서 영국과 프랑스 등의 연합국에 패하기 전까지 1517년에서 1917년까지 400년 동안 팔레스타인 땅을 비롯해 중동의 대부분을 지배했다. 제1차 세계대전에서 패배한 오스만 제국이 붕괴하면서 중동 지역의 지배권은 영국과 프랑스로 넘어가게 됐다. 영국이 1918년부터 1948년까지 30년간 팔레스타인을 신탁 통치하면서 비극이 시작되었다.

19세기 말부터 유럽에서 박해를 받았던 유대 민족은 조상들이 살았던 땅으로 돌아가서 국가를 건설하자는 '시온주의' 사상을 갖기 시작했다. 당시 유대인들의 시온주의 운동을 눈여겨보던 유대인이자 유럽 최대의 거부 '로스차일드'가 거액을 기부하면서 시온주의 운동은 본격적인 궤도에 오르게 되었다. 그리고 1917년에는 영국의 외무장관 '밸푸어'까지 나섰다.

> "팔레스타인 땅에 '유대 민족의 홈home'을 건설하도록 영국 정부가 지원하겠다."

이 선언으로 시온주의 운동은 새로운 장을 맞게 된다. 이에 유대인은 옛날 유대 민족이 살았던 땅에 독자적인 국가를 건설하려는 일에 죽기 살기로 달려들었다. 그 땅이 바로 '팔레스타인'이다. 반유대주의로 인해 차별과 공격을 받아왔던 러시아와 동유럽의 유대인들은 아무것도 없던 팔레스타인 땅으로 무작정 떠났다. 팔레스타인으로 이민해 와서 아랍인들로부터 정착지를 헐값에 매입했고, 곳곳에 '키부츠'라는 농업 공동체를 만들었다. 유대인들은 버려진 불모지나 늪지를 사서 농경지로 개척해 나갔다. 또한 1933년 히틀러가 집권하고 홀로코스트가 본격화되자, 시온주의 운동은 더욱 가속화되었다.

하지만 팔레스타인은 수천 년간 다양한 민족과 종교 집단이

홀로코스트

제2차 세계대전 중 히틀러와 나치에 의해 6백만 명의 유대인들이 학살당한 비극을 말한다. 히틀러와 독일의 나치당은 아예 유대 민족 전체를 말살하려고 했다. 남녀노소를 가리지 않고 유대인이라면 누구나 잡아들여 수용소로 끌고 가서 집단 학살했다.

폴란드 바르샤바에서 강제로 끌려가는 유대인들. (1943년)

어우러져 살던 곳이었고, 당시 팔레스타인 인구의 대다수는 아랍인이었다. 영국이 통치자로 들어오기 전에 중동을 다스리고 있던 오스만 제국은 이슬람 제국을 표방했기 때문에 이슬람교도인 아랍인들에게 국가라는 개념 자체가 필요 없었다. 그러나 유대교를 믿는 유대인들이 밀려들자 아랍 민족은 불안했다. 급기야 1936년에 영국의 통치에 반대하고 유대인의 토지 매입과 이민에 반대하며, 대규모 파업과 무장봉기를 일으켰다. 영국은 유대인과 아랍인 사이에서 중립적인 입장에 서려고 노력했지만 사실상 어느 민족도 만족시키지 못했다.

> 결국 유대 민족은 유대 민족대로, 아랍 민족은 아랍 민족대로, 팔레스타인에 국가를 건설하려고 계속 충돌하면서 팔레스타인 지역은 혼란의 도가니에 빠지고 말았다.

아랍 민족의 봉기는 3년에 걸쳐 계속됐지만, 봉기의 결과는 아랍 민족이 기대한 만큼 성공적이지 못했다. 영국군에게 무기를 포함한 많은 군수 물자를 빼앗겼고 많은 사상자가 발생했다. 또한 파업하면서 많은 아랍 인구가 실업자가 되었다. 결과적으로 봉기가 실패로 돌아가면서 아랍 지도부는 분열과 내분에 휩싸였다.

반면에, 유대인들은 아랍 민족의 봉기를 계기로 더 많은 영토를 매입하게 됐다. 또한 파업한 아랍인 대신에 유대인 실업자가 고용되면서 실업 문제도 해결되었다. 무엇보다도 당시 분열돼 있던 유대 민족의 무장 조직이 하나로 통합되었다. 결과적으로 유대 민족은 아랍 민족과 전쟁을 치르면서 더욱 힘을 키웠고 영토를 넓혀갔다.

팔레스타인에
두 개의 국가를!

1945년, 제2차 세계대전이 끝나자 영국의 지배에 있던 유대 민족과 아랍 민족은 영토를 조금이라도 더 확보하기 위해 지속적으로 충돌했다. 두 민족의 무력 충돌로 더 많은 난민이 생겨났다. 1947년 11월 29일, 유엔 총회는 팔레스타인 땅에 두 개의 국가를 건설하는 결의안을 통과시켰다.

> 유엔의 결의안에 따라 팔레스타인 땅은 유대 국가와 아랍 국가를 위한 영토로 나뉘며, 예루살렘은 국제 사회가 통제한다.

사실 유대 국가와 아랍 국가라는 '두 개의 국가 안'은 이전부터 있었다. 1917년 밸푸어 선언 당시에는 아랍 국가를 위한 영토는 없었지만, 아랍 민족의 저항이 거세지자 점차 아랍 민족의 땅이 증가하게 된 것이다. 사실상 1947년에 들어오면서 아랍 국가의 영토와 유대 국가의 영토는 거의 비슷한 비율로 분할

되어 있었다. 유대 민족은 유엔의 결의안이 통과되자마자 곧바로 축제 분위기에 휩싸였다. 2천 년 이상 나라 없이 핍박받으며 전 세계를 떠돌다가, 나라를 세울 수 있다는 희망이 생겼으니 당연했다. 그러나 아랍 연맹 측은 결의안이 통과되자마자 곧바로 회의장을 박차고 나가버렸다. 중동 땅에 아랍인이 아닌 유대인이 국가를 건설하도록 내버려둘 수 없다는 것이 이집트, 이라크, 요르단, 레바논, 사우디아라비아, 시리아를 포함한 아랍 연맹 측 입장이었다.

돌이켜 보면 당시 팔레스타인 사람들에게도 독립 국가를 건설할 수 있는 기회가 주어졌던 게 사실이다. 아랍 연맹에서 두 개의 국가 안을 걷어차 버리지 않았다면, 팔레스타인에 살던 아랍 민족은 국가를 건설할 수 있었다. 그때부터 팔레스타인에 살던 아랍인들은 난민이 되어 중동의 국가들로 뿔뿔이 흩어지게 되었다. 그런데 무책임하게도 당시 아랍 연맹에 속했던 중동의 국가들은 지금까지 팔레스타인 난민을 제대로 도운 적이 없다. 요르단을 제외하고는 합법적으로 자국민으로 받아들인 적도 없으며, 계속 난민으로 살도록 내버려두며 빈약한 핑계를 대고 있다.

"팔레스타인 난민들에게 국적을 부여하면 팔레스타인으

로 돌아갈 의지가 약해질 것이다."

그렇다고 이들 국가가 팔레스타인 난민을 제대로 먹여 살린 적도 없다. 보고서를 살펴보면 팔레스타인 난민을 위해 아랍 세계가 낸 기부금은 전체 기부금의 3%를 넘지 않는다.▶ 결국 아랍 연맹이 팔레스타인 난민을 정치적으로 이용하기만 했다는 결론을 내릴 수밖에 없다.

아랍 이스라엘 전쟁

영국의 통치가 끝나던 1948년 5월 14일, 이스라엘은 건국을 선포했다. 유대 민족은 밤을 지새우며 수천 년만의 건국을 축하하는 축제를 벌였다. 그러나 다음 날인 5월 15일, 아랍 연맹은 전쟁을 선포했다. 곧바로 '아랍 이스라엘 전쟁'이 일어났다. 전쟁은 건국에 목숨을 걸었던 이스라엘의 승리로 끝났다. 전쟁이 끝나면서 이스라엘은 더 많은 영토를 확보했고, 이집트는 가자 지구를, 요르단은 서안 지구와 예루살렘을 점령했다.

전쟁에서는 승자가 누구든지 반드시 난민이 생기게 마련이다. 이스라엘과 아랍 국가들의 전쟁은 70만 명에 달하는 팔레스타인 아랍인들을 난민으로 만들었다. 팔레스타인 아랍 난민

전쟁으로 갑작스럽게 살던
터전을 떠나게 된 팔레스타인
난민들. (1948년)
'나크바'는 '재앙'을 뜻한다.

들은 삶의 터전을 잃고 레바논과 요르단, 시리아로 피난을 떠났다. 아랍 이스라엘 전쟁으로 팔레스타인 아랍인들이 난민이 된 이 재앙적인 사건을 아랍 민족들은 '나크바'라고 불렀다. 팔레스타인 아랍 민족은 아랍 이스라엘 전쟁이 일어난 5월 15일을 매년 '나크바의 날'로 애도하고 있다. 팔레스타인 아랍인들이 땅과 집을 잃고 아랍 국가들로 피난을 떠났던 날을 되새기면서, 이스라엘을 팔레스타인 땅에서 몰아내고 다시 고향으로 되돌아갈 결심을 다지는 날이다. 사실상 아랍 이스라엘 전쟁에서 최대 희생자는 팔레스타인 아랍 민족이었다.

이스라엘을 완전히 쫓아내려는 무장 투쟁 선포

팔레스타인 아랍 민족의 투쟁에서 빼놓을 수 없는 중요한 인물은 '야세르 아라파트'다. 아라파트는 젊을 때부터 투쟁에 앞장서며 팔레스타인 민족의 지도자 역할을 했던 인물이다. 아라파트는 1950년대 말경에 쿠웨이트에서 '파타당'을 만들었다. '파타Fata'라는 말은 '승리'를 의미한다. 몇 년 뒤에는 팔레스타인 난민들이 조직한 많은 단체들이 연합하여 팔레스타인해방기구(PLO)를 세웠고, 아라파트가 의장이 되면서 무장 투쟁으로 이스라엘을 완전히 쫓아낼 거라고 선포했다.

팔레스타인해방기구는 1963년부터 이스라엘의 주요 목표
물들을 공격했으며, 1964년에는 이스라엘의 수자원 탱크를 파
괴하기도 했다. 중동의 국가들은 팔레스타인의 지칠 줄 모르는
무장 투쟁을 물질적으로, 군사적으로 지원해 주었다. 1972년,
독일 뮌헨 올림픽에서 '검은 9월단'이라는 테러 단체가 11명의
이스라엘 선수와 1명의 독일 경찰을 살해했다. 이 참사로 팔레
스타인 무장 조직은 악명을 떨쳤다. 이뿐만 아니라 수십 번에
걸친 항공기 납치 사건도 일어났다. 물론 이스라엘에 앙심을 품
은 아랍 국가들은 테러가 일어날 때마다 팔레스타인 무장 세력
의 활동에 박수를 보냈다.

레바논으로 근거지를 옮긴 팔레스타인해방기구는 레바논
정부와 법을 무시하고 30만 명의 팔레스타인 난민들과 레바논
남부 지역을 차지한 뒤, 이스라엘을 상대로 또다시 테러 공격을
벌이기 시작했다. 이에 레바논 정부는 국제 사회의 무거운 압력
을 받게 된다. 결국 팔레스타인해방기구는 레바논 정부군과도
충돌하게 된다.

하지만 힘이 약했던 레바논 정부는 팔레스타인해방기구가
들어오면서 사회 질서가 흔들리기 시작했고, 각 종파마다 무장
세력들이 조직되면서 1975년부터는 아예 내전에 휩싸였다. 한

레바논을 침략하는 이스라엘군. (1982년)

때 '중동의 파리'라고 불리면서 중동에서 관광과 금융의 중심지
였던 레바논의 수도 베이루트는 폐허로 변해 갔다. 이슬람교도
와 기독교인, 그리고 좌파까지 민병대를 조직하여 무력 충돌을
벌이면서 암살과 살인, 납치가 일어났고, 무법천지로 돌변했다.

외국인들이 하나둘 레바논을 떠났다.

1982년, 이스라엘은 레바논을 침략했다. 6만 명의 병사와 수십 대의 전투기, 수백 대의 탱크를 앞세우고 수도인 베이루트까지 들어갔다. 이로 인해 팔레스타인해방기구는 레바논을 떠날 수밖에 없었다. 당시 팔레스타인해방기구는 테러 단체로 낙인찍혀 다른 나라에 발을 들여놓을 수도 없었다. 팔레스타인의 테러 활동을 지원하고 지지했던 중동 국가들마저도 팔레스타인해방기구가 자국의 영토에 들어오는 것은 용납하지 않았다. 모든 아랍 국가들이 등을 돌린 상황에서 더 이상 무장 투쟁을 할 수 없게 된 것이다. 결국 안정적인 근거지를 확보하지 못한 팔레스타인해방기구는 서안 지구와 가자 지구로 돌아오면서 무장 투쟁을 포기하고 외교와 협상으로 노선을 바꾸게 된다.

1988년 11월, 팔레스타인해방기구의 의장 '아라파트'는 팔레스타인 땅에 아랍 민족의 독립 국가를 건설하겠다고 선언했다. 이를 위해 이스라엘과도 협상하겠다는 의지를 밝혔다. 이스라엘을 합법적인 국가로 인정한다는 의미였다. 이스라엘과의 협상 결과는 1993년과 1995년도를 거친 1, 2차 '오슬로 협정'에서 확정되었다. 협상 내용은 1947년, 유엔 총회에서 결의한 두 개의 국가 안에서 크게 벗어나지 않았다.

팔레스타인 땅에 유대 민족 국가를 인정하고 아랍 민족의
국가를 설립하겠다는 의지를 밝히는 데 50년 이상이 걸린
셈이다.

곧 팔레스타인의 서안 지구에 '팔레스타인 자치정부(PA)'가
들어섰고, 제한적이지만 실질적인 통치 행위가 시작되었다. 비
로소 팔레스타인 땅에도 평화가 찾아오는 듯 보였다. 하지만 서
쪽 해변가에 위치한 가자 지구에서 또다시 무장 투쟁의 불씨가
되살아나고 있었다.

하마스의 출현과 투쟁

1987년, 가자 지구에서 한 무장 단체가 결성되었다. 이들은 공
개적으로 밝혔다.

"이스라엘을 절대로 합법적인 국가로 인정할 수 없으며
무장 투쟁을 통해 이스라엘을 지도에서 지워버리겠다!"

이들이 바로 '하마스(이슬람 저항 운동)'이다. 하마스는 '아흐메
드 야신'에 의해 설립되었다. 이전에 아라파트가 결성했던 무장

하마스 무장 대원들에게 인질로 잡혀 끌려가는 이스라엘 민간인. (2023년 10월 7일)

단체와 목표는 엇비슷했지만, 다른 점이라면 하마스는 이슬람이라는 종교를 기반으로 한 '지하드'를 추구한다는 점이다. 지하드는 '성전聖戰'이라는 뜻으로 이슬람교를 전파하기 위해 벌이는 전쟁을 이르는 말이다.

사실 하마스가 어떻게 만들어졌는지에 관해 많은 소문이 떠돌았다. 최근에는 하마스를 탄생시킨 보이지 않는 손이 이스라엘 정부라는 놀라운 주장이 나왔다. 유럽연합의 외교 수장인 조셉 보렐은 공개적으로 밝혔다.

"이스라엘 정부는 서안 지구의 팔레스타인 자치정부를 약

화시킬 목적으로 하마스를 재정적으로 지원해 왔다."▶

  이스라엘 정부가 팔레스타인 내부를 분열시킬 세력이 필요해서 하마스를 지원했다는 말이다. 진실이 무엇이든, 하마스가 어떻게 만들어졌든, 오늘날 이스라엘의 적이 하마스인 것만은 확실하다.

  1993년, 1차 오슬로 협정 당시 하마스는 아라파트와 이스라엘의 평화 협상을 중지시킬 목적으로 '메홀라'에서 첫 번째 자살 폭탄 테러를 감행했다. 오슬로 협정 이후, 1996년에 있었던 팔레스타인 국회의원 선거와 대통령 선거에서 아라파트가 이끄는 파타당이 크게 이기자, 하마스는 지속적으로 폭탄 테러를 일삼았다. 1996년 2월과 3월, 세 차례에 걸쳐 폭탄 테러를 일으켜 47명의 이스라엘인이 사망했다.

  2004년, 아라파트가 죽자 팔레스타인 단체들 사이에서도 분열이 일어났다. 2006년도가 되면서 하마스는 가자 지구의 선거에서 승리했다. 결국 팔레스타인 자치정부와 하마스는 내전을 벌였고, 둘 사이는 완전히 벌어졌다.

  하마스의 출발이야 어쨌든 지금 하마스는 이스라엘에 가장 적대적이면서 해를 끼치는 무장 단체로 발전했다. 하마스는 이스라엘을 합법 정부로 인정하지 않는다. 따라서 이스라엘과는 협상의 여지 자체가 없다. 이스라엘은 지금도 하마스를 뿌리 뽑겠다는 목표를 가지고 전쟁을 계속하고 있지만, 하마스가 없어질 수 있다고 믿는 사람은 아무도 없다. 지금은 눈에 띄게 하마스의 활동이 위축됐을 뿐이다. 도리어 이스라엘의 학살은 팔레스타인 사람들의 반감과 복수심을 키웠고, 하마스를 더욱 팔레스타인 사람들과 밀착시키는 결과를 낳았다. 사실 이스라엘이 파괴와 학살을 일삼은 이유는 가자 지구의 팔레스타인 주민들을 하마스와 분리시키기 위해서였는데 말이다.

하마스는 이란과 레바논 무장 단체 헤즈볼라, 예멘 후티 반군의 지원을 받고 있다. 이유는 같은 목표를 갖고 있기 때문이다. 이들은 모두 이스라엘은 지도에서 없어져야 할 국가라고 선언해 왔다. 그리고 하마스는 서안 지구의 팔레스타인 자치정부가 추구하는 두 개의 국가 안을 부정해 왔다.

헤즈볼라와 이스라엘의 끝을 알 수 없는 전쟁

2024년 9월 27일, 레바논의 수도 베이루트에서 헤즈볼라의 수장인 '나스랄라'가 이스라엘의 폭격으로 목숨을 잃었다. 며칠이 지난 10월 1일 밤, 이란은 나스랄라 암살에 대한 보복으로 200

여 대의 드론과 탄도 미사일을 이스라엘에 퍼부었다. 이후에 이스라엘은 레바논에 폭격을 퍼부었고, 이란에 대한 보복 공격을 대대적으로 실행할 계획이어서 중동 전체는 일촉즉발의 상황으로 치달았다. 그런데도 이스라엘과 헤즈볼라의 전쟁은 수십 년에 걸쳐 몇 차례나 반복돼 왔기 때문에 전 세계는 일상적인 사건으로 받아들였다.

현재 벌어지고 있는 이스라엘과 이란, 이스라엘과 헤즈볼라, 이스라엘과 하마스의 충돌은 근본적으로 팔레스타인 문제가 해결되지 않았기 때문이다. 레바논의 남부 지역을 근거지로 삼은 헤즈볼라는 현재 가자 지구를 대표하는 무장 단체인 하마스를 도와주는 중요한 무장 세력이다. 시아파로 이뤄져 있으며, 시아파의 종주국인 이란의 군사적, 경제적 지원을 받아 유지되고 있다.

레바논은 프랑스가 통치하던 1943년에 체결된 정치적 합의에 따라 정치 권력을 레바논의 주요 종교 집단끼리 나누어 가졌다. 수니파 이슬람교도가 총리, 마론파 기독교인이 대통령, 시아파 이슬람교도가 국회의장을 맡았다. 그러나 이 집단들 사이에서 몇 가지 요인들이 미묘한 균형을 깨뜨리면서 내전이 일어났다. 그 와중에 이스라엘은 1978년과 1982년에 레바논 남부를 침략하여 이스라엘을 공격하던 팔레스타인 무장 조직을 몰아냈다.

팔레스타인 무장 조직이 떠난 빈자리를 곧 시아파 신생 민병대 헤즈볼라가 메우고 들어왔다. 헤즈볼라는 '신의 당'을 의미한다. 헤즈볼라는 1983년, 베이루트의 미군과 프랑스 군사 기지에 자살 폭탄 테러를 감행하면서 국제 사회에 알려졌다. 헤즈볼라는 베이루트 일부 지역, 레바논 남부, 동부 베카고원 등 레바논의 시아파가 다수인 지역을 장악하고 있다.

무엇보다도 레바논이라는 국가에 정부군이 있음에도 헤즈볼라는 따로 군사 조직을 가지고 있다. 4만 명의 군인을 이끌고 있으며 온갖 종류의 현대식 무기들로 무장하고 있다. 헤즈볼라는 1994년, 아르헨티나의 유대인 커뮤니티 센터에 차량 폭탄 테러를 감행해 85명의 목숨을 앗았다. 헤즈볼라와 이스라엘은 곧잘 충돌하다가 급기야 2006년 한 달간 전쟁을 벌였다. 이 기간 동안 헤즈볼라는 이스라엘 영토에 수천 발의 로켓을 발사했다. 2019년에 헤즈볼라는 이스라엘 군사 기지를 공격했고, 2021년 8월에는 레바논에 대한 이스라엘의 공습에 대응하여 12발 이상의 로켓을 발사했다. 이스라엘과 헤즈볼라는 이런 식으로 끊임없는 교전을 주고받았다.

팔레스타인 무장 단체 하마스가 이스라엘을 공격한 2023년 10월 7일 이후에는 헤즈볼라와 이스라엘은 더욱 위기로 치달았

레바논의 수도 베이루트에서 주민들이 이스라엘의 공습으로 무너진 건물을 살펴보고 있다. (2024년 11월 27일)

다. 레바논 남부 지역에 사는 수십만 명의 레바논 국민들은 갑작스러운 이스라엘의 공습으로 피난민이 되어 북부 지역으로 피난해 가고 있다. 최근에 이스라엘은 해군까지 동원하여 레바논 북부 지역에 위치한 헤즈볼라의 근거지를 공격하기도 했다.

이스라엘은 가자 지구와 헤즈볼라가 근거지를 두고 있는 레바논 지역을 완전히 파괴하여 누구도 살 수 없는 땅으로 만들겠다는 계획이다.

그곳을 비무장 지대로 만들어 더 이상 하마스와 헤즈볼라의 공격을 받지 않으려는 생각이다.

이스라엘과 헤즈볼라의 전쟁을 중단하는 가장 현실적인 방안은 헤즈볼라를 레바논 남부에서 북쪽으로 이주시키고, 유엔군과 레바논 정규군이 이스라엘과 레바논의 국경을 보호하는 것이다. 이스라엘도 헤즈볼라가 공격만 하지 않는다면 레바논을 폭격하거나 침공하지는 않을 것이다.

파괴되는 가자 지구

2024년 4월, 유엔은 가자 지구 동부 국경에 있는 4000개의 건물 중 약 90%가 손상되거나 파괴되었다고 발표했다. 2024년 5월, 〈알자지라〉 뉴스는 이스라엘이 가자 지구 영토의 32%를 파괴하여 완충 지대를 만들 예정이라고 밝혔다. 실제로 이스라엘은 가자 지구 일대의 수많은 건물들을 파괴했다. 수천 권의 책을 소장하고 있는 13개의 도서관, 12개 대학과 학교의 80%,

수십 개의 모스크, 3개의 교회, 2개의 박물관 등 문화적으로 중요한 수많은 건물들이 파괴되었다. 이스라엘군은 건물들이 모두 하마스의 피신처 역할을 했기 때문이라며 파괴한 이유를 밝혔다. 이스라엘군의 발표처럼 하마스가 공공건물이나 의료 시설을 자신들의 은신처로 이용해 왔던 것은 사실이다.

2024년 6월까지 가자 지구에서 500명 이상의 의사와 간호사, 병원에 근무하는 의료 종사자가 사망했다는 발표도 있다. 2024년 8월, 가자 지구의 36개 병원 중 17개만이 일부나마 사용이 가능하며, 보건소의 84%가 파괴되거나 피해를 입은 상태이다.▶ 이스라엘은 가자 지구를 강제로 봉쇄하여 인도주의적 물자가 팔레스타인 사람들에게 전달되지 못하게 막고 인도주의적 호송대를 차단하거나 공격했다. 전쟁 초기에 이스라엘은 가자 지구에 물과 전기 공급을 끊기도 했다.

이스라엘의
방공망

이스라엘의 거침없는 공격은 어쩌면 이스라엘이 든든하게 믿고 있는 방공망 덕분인지 모른다. 실제로 이스라엘의 방공 시스템은 3단계로 촘촘하게 짜여져 있다. 외부에서 날아오는 드론이나 미사일이 지상의 목표물에 떨어지기 전에 공중에서 미리 처리한다. 우선 '아이언돔'으로 불리는 방공 시스템은 72km 반경 내에 들어오는 단거리 로켓이나 드론을 방어한다. 아이언돔은 이란의 두 차례에 걸친 수백 대의 미사일과 드론 공격을 미국과 서방의 방공 시스템과 협력하여 양호하게 방어해 내면서 유명해졌다. 아이언돔은 한 대의 발사대에서 한 번에 20대의 미사일을 동시에 발사하는데 보통 3대의 발사대가 한 부대로 이뤄져 있어, 60대의 미사일을 한 번에 발사할 수 있다. 그다음으로 '다윗의 돌팔매'로 불리는 방공 시스템은 300km 반경 내에서 중장거리 미사일을 방어해 낸다. 그리고 '애로우 시스템'은 거의 2000km 반경의 장거리 탄도 미사일을 방어해 낸다.

방공 시스템의 문제는 경제적 효율성, 즉 가성비에 있다. 아이언돔이 추적해 격추하는 하마스나 헤즈볼라의 카추샤 로켓 한 대의 가격은

하마스가 발사한 로켓을 요격하기 위해 이스라엘의 방공 시스템 아이언돔이 가동됐다. (2012년 11월)

약 40만 원이다. 그러나 이를 격추하기 위해 쏘는 아이언돔의 미사일 '타미르'의 가격은 3천만 원에서 1억 3천만 원이다. 40만 원을 격추하기 위해 100배 이상이나 비싼 미사일을 사용해야 하는 현실적인 문제가 있는 것이다. 이는 싼 드론을 격추하기 위해 그보다 몇 배나 비싼 미사일을 쏴야 하는 방공 시스템의 일반적인 문제이기도 하다.

미사일을 발사하는 아이언돔 발사대. (2021년 5월 13일)

미국 없이 존재할 수 없는 나라, 이스라엘

이스라엘을 중동의 미국으로 부르기도 한다. 아니 더 나아가 어떤 이들은 이스라엘을 미국 그 자체라고 말하는 사람들도 있다. 대부분 중동의 아랍인들도 이스라엘을 미국과 동일시한다. 반 이스라엘 시위에서는 항상 이스라엘 국기와 미국 성조기가 함께 불태워진다. 이스라엘을 지원하는 국가 중 가장 중요한 국가가 미국이기 때문이다. 미국은 이스라엘에 무기와 자금을 공급할 뿐만 아니라 외교적으로도 이스라엘에 불리한 안건이 나오면 항상 거부권을 행사했다.

지금도 미국 대학 캠퍼스에서 반전 시위가 벌어지고 있지만, 여전히 미국 정부의 정책은 변하지 않고 있다. 심지어 미국 정부의 이스라엘 지원 정책을 비판하는 교수들을 반유대주의자로 낙인찍어 대학에서 내쫓기까지 하고 있다. 최근에 유대인이자 미국인이며 홀로코스트 역사가인 미네소타주립대 라즈 시갈 교수가 이스라엘이 팔레스타인 사람들을 학살했다고 비판했다가 대학에서 쫓겨났다. 시갈 교수뿐만 아니라 수십 명의 교수들이 미국의 정책과 이스라엘을 비판했다가 교직을 잃었다.

이스라엘은 미국이 없이는 존재할 수 없는 나라이다. 이스라엘도 독자적으로 무기를 생산하겠지만 미국이 제공하는 총알이나 폭탄, 미사일 등이 없으면 전쟁을 계속할 수 없다. 미국이해마다 이스라엘에 지원하는 금액은 4조 원 이상이다. 무엇보다도 이스라엘은 미국산 무기의 주요 구매국이며, 무기 산업과 기술 분야에서 공동 개발을 진행하고 있다. 미국 군대와 정기적인합동 군사 훈련도 시행하고 있다.

　이스라엘에 사는 유대인이 6백만 명인데, 미국에 사는 유대인은 7백만 명이다. 물론 유대인은 세계 곳곳에 흩어져 있지만, 미국에 가장 많이 살고 있다. 세계에서 가장 부강하고 군사적으로 가장 강한 나라를 실질적으로 움직이는 세력을 꼽으라면 단연코 유대인들이다.

팔레스타인에 두 국가는
가능할까

이스라엘의 정착촌 문제가 제기된 가장 큰 역사적 사건은 1967년에 일어난 '6일 전쟁(제3차 중동 전쟁)'이었다. 6일 전쟁은 말 그대로 6일 만에 전쟁이 끝나서 붙여진 이름이다. 이스라엘 주변의 아랍 국가들인 이집트와 시리아, 요르단, 레바논이 이스라엘을 공격하기 위해 전쟁을 준비하던 중, 이스라엘이 먼저 공격하여 아랍 국가들의 공격을 무력화시키면서 전쟁은 끝나버렸다. 6일 전쟁의 결과, 이스라엘은 이집트의 영토였던 시나이반도, 요르단의 관할이었던 서안 지구와 예루살렘을 점령했다.

6일 전쟁으로 빼앗은 서안 지구와 시나이반도 중 서안 지구는 이스라엘의 정치권을 달구며 논쟁의 중심이 되었다. 시나이반도야 모래투성이의 광야니 그냥 이집트에 돌려준다고 해도 문제가 없었지만, 서안 지구는 이스라엘의 영토와 붙어 있고 110만 명의 아랍인들이 살고 있는 중요한 땅이었다. 논쟁은 세 가지로 요약됐다.

첫째, 서안 지구를 이스라엘의 영토로 편입시킬 것인가.
둘째, 서안 지구를 요르단에 다시 돌려줄 것인가.
셋째, 서안 지구에 새로운 아랍 국가를 만들어 줄 것인가.

정부가 결정을 내리지 못하고 논쟁만 하는 사이 유대인들은 서안 지구로 몰려 들어갔다. 이스라엘 정부의 허가 없이 서안 지구에 유대인 정착촌을 세운 것이다. 국제 사회는 유대인 정착촌이 아랍 민족이 사는 서안 지구를 점령하려는 이스라엘의 의도적인 불법 행위라며 비난했다. 하지만 유대인들은 서안 지구가 역사적으로 유대인들의 땅이기 때문에 민족의 역사와 연관

된 이주라고 주장했다.

이후 서안 지구를 지배하는 팔레스타인 자치정부가 두 국가 안을 지지하면서 이스라엘 정부와 서안 지구 내의 유대인 정착촌을 놓고 지속적으로 협상이 진행되었다. 20년 이상 협상 테이블을 마주했지만 사실상 아무런 결론을 내리지 못했다. 두 국가 안이 실행되려면 두 가지 문제가 반드시 풀려야 했다.

이스라엘 정부의 지원으로 이뤄지는 정착촌 확장과 건설 문제, 그리고 팔레스타인 난민들의 귀환 문제이다.

이스라엘은 5백만 명이나 되는 팔레스타인 난민들이 서안 지구로 귀환할 경우, 생존에 심각한 위협이 된다는 입장을 내세웠다. 그러나 사실상 국제법상 유대인 정착촌 확장 자체가 불법이었다. 안타깝게도 이스라엘 네타냐후 정권은 두 국가 안에 반하는 정책을 펼쳤다. 네타냐후 정부는 이스라엘의 영토 안에는 오로지 유대 민족의 국가만이 유일하다는 입장을 내세웠다.

오슬로 협정이 맺어지고 평화의 바람이 불 당시만 해도 팔레스타인인과 유대인 대부분은 두 국가 안을 지지했다. 그러나 팔레스타인 아랍 민족의 테러와 이스라엘의 유혈 대응이 반복되면서 점차 평화에 대한 의구심이 확산되었다. 시간이 지날수록

팔레스타인 사람들이 모여
사는 가자 지구와
서안 지구.
서안 지구는 팔레스타인
자치정부가 통치하는 반면
가자 지구는 하마스가
지배하고 있다.

두 국가 안은 지지율이 계속 떨어졌다. 2022년 12월의 여론 조사에서는 팔레스타인인 중 33%만이, 이스라엘의 유대인 34%만이 두 국가 안을 지지한다고 밝혔다.▶

　문제는 두 국가 안 외에는 팔레스타인에 평화가 찾아올 방안이 없다는 점이다. 이미 전 세계 130개국이 팔레스타인을 국가로 인정했으며, 지금은 팔레스타인 국기를 내걸고 올림픽에도

서안 지구에 있는 유대인 정착촌과 팔레스타인 지역을 나누는 분리 장벽.
서안 지구에는 유대인 정착촌이 여러 군데 있으며, 이스라엘은 유대인 정착촌을
보호한다는 명목으로 8미터 높이의 분리 장벽을 설치했다. 국제사법재판소는
이스라엘이 장벽을 건설하는 일은 부당하다고 밝혔다. 장벽 곳곳에 이스라엘의
정책을 비판하는 그림이 그려져 있다.

참여하고 있다. 이미 독립된 국가로 세계에서 인정받고 있는데
도 이스라엘만 이를 부정하고 있다.

팔레스타인 국가가 수립되면 항공기와 탱크로 무장해서
이스라엘로 진격해 올 수도 있다는 과장된 악선전이 이스
라엘 국민들을 지배하고 있기 때문이다.

차가운 평화

정말 중동의 화약고라고 불리는 팔레스타인 땅에 두 국가 안이
평화를 가져다줄까? 의구심을 갖는 사람들에게 '차가운 평화'
를 답으로 내놓을 수 있다. 이웃한 적과 반드시 사이가 좋을 필
요는 없다. 아침마다 인사하고 지내야 할 필요가 없다는 뜻이
다. 그저 평화롭게 사는 것이 가장 중요하다. 이스라엘의 유대
인들과 팔레스타인 사람들은 대부분 서로 잘 지내야 두 국가가
평화로울 수 있다고 생각하지만, 그런 생각 자체가 바뀌어야 한
다. 물론 잘 지내면 좋지만 두 국가가 평화롭게 존립하기 위한
필수 조건은 아니다.

서로 좋아하지는 않지만 모른 체하고 살 수 있다. 증오하는
이웃으로 살지만 분쟁과 전쟁 없이 사는 상태를 의미한다. 이미

가자 지구 남부 라파에서 식량을 배급받는 주민들. (2023년 11월 20일)
2023년 10월 7일에 발생한 이스라엘 하마스 전쟁은 수많은 난민을 나았다.

인도와 파키스탄, 카슈미르의 인도인들과 파키스탄인들이 이렇게 지내고 있다. 이집트와 요르단, 두 국가도 이스라엘을 증오하면서도 평화 협정을 맺은 이래로 최소한 전쟁은 하지 않고 살고 있다.

물론 차가운 평화라는 해법이 이스라엘과 팔레스타인의 관계에서 현실적 방안이 되려면 풀어야 할 숙제가 너무 많다!

유대인 랍비와의
인터뷰

유대인들은 크게 종교적인 유대인과 세속적인 유대인으로 나뉜다.
종교적인 유대인들은 현재의 이스라엘 국가와 정부를 인정하지 않는다.
이들은 메시아가 와야 진정한 이스라엘 국가가 수립되며 그 뒤에 세계에
평화가 온다고 믿고 있다. 그러나 1948년에 이스라엘 국가를 세웠던
유대인들은 세속적인 유대인으로 이스라엘이 생존하기 위해서는 어떤
수단이라도 써야 한다고 생각한다.
종교적인 유대인이 이스라엘에서 가진 정치적인 영향력은 대단히 크다.
이들은 팔레스타인 문제를 어떻게 보고 있을까? 종교적인 관점에서 현재
벌어지고 있는 이스라엘의 상황을 어떻게 해석하고 있을까?

요셉 세파라딕 신학대 교수이자 랍비,

조슈아 교수 이야기

바위의 돔 사원과 알 아크사 모스크가 있는 성전산은 옛 솔로몬의 성전이
지어졌던 곳으로 유대인에게 유일한 예배 장소이다. 사실 이슬람교도에게

성전산에 있는 통곡의 벽에서 기도하는 유대인들.

성전산은 그리 중요한 장소가 아니다. 코란에도 성전산에 대해서는 전혀
언급되지 않는다.
성전산은 우리 유대인에게는 가장 성스러운 장소이다. 그런데 왜 이
장소가 아랍인들의 손에 있어야 하는지 모르겠다. 통곡의 벽에서 기도하는
유대인들을 향해 팔레스타인 사람들이 몇 번이나 성전산 위에서 아래로

이슬람의 성지, 바위의 돔 사원과 알 아크사 모스크가 있는 성전산 일대.

돌을 던졌는지 아느냐?

때가 되면 전쟁이 일어날 것이고, 그때 하나님이 메시아를 보내어

유대인들이 전쟁에서 승리할 것이다. 모든 민족이 그의 통치 아래에 있을

것이라고 믿는다. 세계는 더 이상 전쟁이 없을 것이다. 또 성전산의 성전이

재건축되어 모두 여기서 예배드릴 것이다.

유엔에 대해서는 매우 부정적으로 생각한다. 밀실 담합이나 하고, 국가를 대표하는 자들이 국가의 관점을 대표하기보다는 개인적 관점을 대표하고 있다. 언제나 이미 정해진 결정을 형식적으로 통과시킬 뿐이다. 유엔을 만든 목적이 세계에서 전쟁을 없애고 평화를 가져오자는 것이었는데, 사실 전쟁이 끊이지 않았다. 유엔 관료들은 단지 개인적으로 좋은 시간만 보내왔다.

유대 민족은 선택된 민족이다. 이 말의 의미는 하나님에게 봉사하기 위해서 선택됐다는 말이며, 다른 민족의 본이 되라는 의미이다. 현재 우리가 당하는 고통의 원인은 이스라엘의 정치 지도자들이 너무 세속화되어 우리에게 내리는 하나님의 징계라고도 생각한다. 정치가 중 대다수는 안식일도 제대로 지키지 않고, 성경도 제대로 읽지 않고, 신앙 생활을 거의 하지 않고 있다.

현 상황의 해결책은 팔레스타인 사람들이 자기들의 고향인 사우디아라비아로 돌아가는 것이다. 그것밖에는 다른 해결책이 없다. 이들과 함께 사는 것은 너무 위험하다.

전쟁이라는 수렁에 빠진 미국

미국 군사력의 상징인 5각형 건물 펜타곤은 하루 24시간 쉴 새 없이 전 세계의 전쟁과 충돌을 모니터링하고 있다. 오늘날 지구상에 일어나는 대부분의 전쟁에는 미국, 영국, 프랑스, 러시아, 독일, 중국 등의 국가가 개입돼 있다. 이들 국가는 전쟁을 통해 돈을 벌기도 하고, 동시에 자국의 영향력을 확대시키기도 한다. 제국주의라는 개념은 20세기 중반에 들어와서 대부분의 식민지가 독립하면서 사라졌지만, 여전히 강대국들의 제국주의적 분위기는 지속되고 있다. 지금은 좀 더 세련되게 '국제 사회' 내지 '인터내셔널 커뮤니티'라는 말이 강대국 집단을 대체하는 말로 쓰이고 있다.

미국은 지금 우크라이나와 이스라엘 두 국가의 전쟁을 전폭적으로 지원하고 있다. 전쟁을 지원하면서 물가가 올라가고 금리가 인상되는 등 미국 국민들의 생활은 힘들어졌다. 그럼에도 불구하고 미국 정부는 우크라이나 전쟁과 이스라엘 전쟁을 나 몰라라 하며 발을 뺄 수도 없는 수렁에 빠져 있다. 우크라이나 전쟁이 시작된 2022년 이래로 2024년 9월까지 미국은 약 1750억 달러의 원조를 우크라이나에 보냈으며, 앞으로도 원조를 보낼 수밖에 없다. 미국의 이스라엘에 대한 군사 원조도 2023년 10월 7일 하마스와의 전쟁이 발발한 이래 약 180억 달러로 급격하게 늘어났다.

가공할 만한 미국의 국방비

미국은 다른 나라와 비교해 엄청난 국방비를 사용하고 있다. 미국이 정한 국가적 차원에서 안보 전략인 글로벌 이익을 지키기 위해서 다른 나라에 비해 훨씬 더 많은 비용을 지불하고 있다. 러시아나 중국, 영국, 프랑스는 항공모함을 한두 척 정도만 운영하고 있는데, 미국은 무려 11척의 항공모함이 5대양 6대주를 누비고 있다. 미국이 11척의 항공모함을 운영하는 데 드는 비용은 약 210억 달러이며, 이는 선진국을 제외한 대부분 국가의 한

해 국방비보다 많다.

　미국이 2024년에 사용한 국방비는 9160억 달러다. 이는 세계에서 가장 큰 규모로 다른 국가들과 비교해 보면 그 규모를 짐작할 수 있다. 중국, 인도, 영국, 러시아, 프랑스, 독일, 사우디아라비아, 일본, 한국, 9개국의 군사 대국들의 예산을 모두 합친 것보다 더 많다. 전 세계 국방비의 38%를 미국의 국방비가 차지하고 있으며, 군대의 규모가 가장 큰 중국의 국방비조차도 미국 국방비에 비하면 3분의 1 정도이다.▶ 미국의 국방비 중 러시아 우크라이나 전쟁에 할당된 예산은 480억 달러다. 당연히 전 세계가 하나로 똘똘 뭉쳐서 미국을 상대로 싸운다고 해도 이길 수 없다는 가설이 나온다. 물론 전쟁의 결과는 테이블에서 나오는 가상의 시나리오와는 다를 수 있지만, 어쨌든 미국의 방위력은 가공할 만하다.

세계의 무기 시장

러시아 우크라이나 전쟁이 발발하면서 세계의 무기 시장에도 많은 변화가 일어났다. 무기 수출에서 선두에 섰던 러시아는 6위로 밀려났다. 무기 수출국의 선두는 단연 미국이며, 미국을 따라올 국가는 없다. 러시아 우크라이나 전쟁은 미국의 세계 무

폴란드에 수출되는 한국의 'K9 자주포'(위)와 'FA-50 전투기'(아래).

기 시장 수출 점유율을 34%에서 42%로 끌어올렸다. 또한 독일과 프랑스, 이탈리아의 점유율도 증가했다. 한국도 우크라이나 전쟁으로 세계 무기 시장에 10위 수출국으로 등극했다.

2019년에서 2023년 동안 무기 수출국의 순위를 보면 미국 41.7%, 프랑스 10.9%, 러시아 10.5%, 중국 5.8%, 독일 5.6%로 드러났다. 미국의 무기 수출액은 2023년 112억 달러로 독일, 중국, 프랑스, 이탈리아, 러시아 등 선두 4개국의 액수를 합친 것과 비슷하다. 그만큼 미국의 무기가 세계 무기 시장을 압도하고 있다.▸

세계 무기 시장의 40%를 점유하고 있는 미국은 무기를 생산하는 방위 산업에 종사하는 인원만 해도 280만 명이 넘는다. 총과 총탄을 생산하는 무기 공장에 종사하는 인원도 40만 명이라는 통계가 있다. 미국의 무기 산업에 종사하는 노동자들뿐만 아니라 그 가족까지 합친다면 거의 천만 명이 직간접적으로 '무기'에 의존해 살아가고 있는 셈이다. 또한 미국의 총생산에서 무기 생산이 차지하는 비중은 3.5%나 된다. 미국에서 생산된 무기들은 모두 중동이나 우크라이나, 아프리카로 수출되어 지금도 많은 목숨을 빼앗고 있다.

우크라이나 전쟁은 한국에게도 혜택을 주었다. 2022년 7월에 폴란드와 한국은 20조 규모의 무기 구매 계약을 체결했다.

우크라이나와 국경을 접하고 있으면서 러시아와는 같은 나라라고 할 수 있는 동맹국인 벨라루스와도 넓은 국경을 접하고 있는 폴란드는 사실상 위기에 처했다. 이를 해결하기 위해 무기 도입을 서두르기 시작했다. 미국에 사정을 알렸지만, 미국의 무기 산업 시설을 풀가동하더라도 수요를 맞추기 어렵다는 통보를 받았다. 폴란드가 다음으로 눈을 돌린 곳이 바로 한국이었다. 폴란드가 한국에 주문한 내용을 보면 3.5세대 전차 180대, 초음속 전투기 12대, 자주곡사포 48문 등이다. 20조 상당의 무기 계약이 성사되자, 한국의 무기 생산업자들은 상당한 성과라면서 자화자찬하고 있다. 그러나 다른 사람들의 생명을 살상하는 무기를 생산하고 팔아서 돈을 버는 일로 크게 자랑스러워해도 될까?

전쟁의 승자와 패자

전쟁에서 가장 고통받는 패자는 민간인과 병사들이다. 패자가 있으면 당연히 승자가 있을 터, 전쟁에서 승자는 무기 제조 회사들과 무기 상인들, 리베이트를 받는 정치가들이다. 이들은 전쟁이 나면 호황을 누리면서 엄청난 이익을 챙긴다. 전쟁을 치르는 나라들은 전쟁에서 승리하기 위해 모든 것을 아낌없이 쏟

아부어야 한다. 전쟁에서의 패배는 곧 모든 것을 잃음을 의미한
다. 자칫 국가의 존립까지도 위협받게 된다. 당연히 전쟁 당사
국들은 모든 것을 걸고서, 모든 담보를 걸고서라도 무기를 구입
한다.

> 2021년 8월에 미군이 아프가니스탄에서 철수하자 서방
> 세계의 무기 회사들은 땅을 치고 통곡했다. 그러나 곧 러
> 시아 우크라이나 전쟁이 터지자 축제의 불꽃놀이와 함께
> 샴페인을 터뜨렸다.

전쟁이 일어나면 총알 한 발 쏘지 않고도 엄청난 수익을 올
리는 나라들이 있다. 러시아 우크라이나 전쟁에서 혜택을 받은
나라를 들라면 단연 미국이다. 미국은 러시아 우크라이나 전쟁
으로 유럽의 수호신으로 떠올랐다. 그동안 유럽은 공공연하게
사사건건 미국의 정책에 반대하면서 독자적인 행보를 추구해
왔다. 하지만 러시아 우크라이나 전쟁이 시작되자, 나토를 통해
전적으로 미국의 국방력에 의존해 왔던 유럽은 미국에 더욱 의
존할 수밖에 없게 되었다.

유럽연합이 시작되면서 항상 주장해 왔던 유럽연합군의 창
설이라는 말도 쑥 들어가 버렸다. 러시아산 가스 공급이 중단되

자, 유럽은 미국의 액화천연가스(LNG)를 높은 가격으로 수입했고, 미국은 상당한 수입을 올리고 있다. 마크롱 프랑스 대통령이 2023년 12월 초에 미국을 방문하여 바이든 대통령에게 따졌던 문제가 바로 액화천연가스의 가격 문제였다.

> "미국 국내 액화천연가스 가격보다 네 배나 더 비싼 가격으로 유럽에 판매하다니, 미국은 러시아 우크라이나 전쟁에서 이득을 보려고 하는가?"

미국이 이득을 보는 것은 가스뿐만이 아니다. 바로 무기 산업의 호황이다. 전쟁이 나면서 많은 유럽 국가들은 우크라이나에 무기를 제공해 왔는데 그 무기들은 대부분 미국에서 구입해 제공해 왔다. 독일은 80억 달러 상당의 전투기를, 캐나다는 150억 달러 상당의 F-35A 전투기 88대를 미국에서 구매할 계획이다.▶ 그리고 핀란드는 이미 낡은 F/A-18 전투기를 대체할 94억 달러에 달하는 F-35 전투기 64대를 미국의 록히드마틴사에 주문한 바 있다.▶ 무엇보다도 독일은 가지고 있는 무기를 업그레이드하기 위해 1000억 달러의 예산을 편성한 것으로 알려져 있다.

무기 시험의 천국, 전쟁

전쟁터는 무기 시험장의 천국이다. 미국이나 영국, 유럽 국가들, 이스라엘, 러시아, 한국의 무기 업체들은 전쟁이 나면 최신식 무기들을 실전에서 테스트해 볼 수 있다. 새로 개발된 무기의 성능을 실제 전쟁에서 테스트하면서 구매 계약을 성사시키는 것이다.

이번 러시아 우크라이나 전쟁도 어김없는 무기 실험의 장이 되었다. 러시아 〈타스 통신〉은 2023년 1월 19일, 러시아가 몇 년 전에 개발한 새로운 전투 로봇 마르케르를 우크라이나에 보낼 예정이라고 보도했다. 마르케르는 미래형 군사 로봇이다. 무한궤도나 바퀴를 단 소형 장갑차 모양을 하고 있는데, 5km 떨어진 거리에서도 조종이 가능하다. 1회 배터리 충전으로 3000km를 이동할 수 있다. 마르케르 로봇은 자체 정찰 장비를 이용해 최대 15km 떨어진 곳에 있는 적을 발견해 지휘소에 관련 정보를 전달한다. 새로 장착된 대구경 기관총과 유탄 발사기로 적을 공격하고, 대공 로켓으로 공중 목표물을 타격하거나 레이저 무기로 적의 공격용 드론도 격추할 수 있다. 이 밖에 아군 부상자를 찾아내 후송하는 임무 수행도 가능하다.

미국과 유럽, 우크라이나도 예외는 아니다. 우크라이나에 군

스카이와이퍼스를 들고 있는 우크라이나 군인. (2022년 6월 29일)

사 원조로 제공한 무기들은 실전에 배치해 직접 사용하면서 결
함을 발견하거나 업그레이드할 수 있다. 특히 이번 전쟁에서 가
장 많이 사용했던 장거리포를 꼼꼼하게 개조하고 있으며, 로켓
포와 드론도 점검해 사용하고 있다.

우크라이나는 사이버 공간의 기술을 무기화해서 선보인 바 있다. 초기 경보 시스템 이상의 역할을 하는 디지털 지도 시스템 '델타'이다. 델타는 실시간 지도와 적의 자산 사진을 결합하여 얼마나 많은 군인이 이동 중이고 어떤 종류의 무기를 휴대하고 있는지까지 파악한다. 또한 감시 위성, 무인 항공기, 정부 출처의 정보와 결합하여 우크라이나 군대가 공격할 위치와 방법을 결정할 수도 있다.

2022년 여름부터 미국과 독일은 흑해에서 폭발물이 가득한 원격 조종 보트를 시험해 왔다. 그리고 10월 크림반도의 세바스토폴 연안에서 러시아 함대에 대한 공격을 성공적으로 실행하여 실험을 완수했다. 곧, 러시아의 강력한 전함을 상대로 작고 저렴한 공격용 보트가 실전에 배치될 전망이다.

우크라이나군은 리투아니아가 새로 개발한 '스카이와이퍼스'로 알려진 드론 교란 장치를 사용하여 위력을 발휘하였다. 스카이와이퍼스는 통신 신호를 차단하여 드론의 방향을 바꾸거나 방해할 수 있는 무기이다. 우크라이나군과 러시아군 모두 가장 탐내는 전쟁 무기로 선정되기도 했다.

새로운 전쟁의 시대, 드론 전쟁

아르메니아와 아제르바이잔의 충돌은 1918년으로 거슬러 올라간다. 두 국가는 '나고르노-카라바흐' 영토의 관할권을 서로 주장하면서 전쟁을 벌였다. 최초의 전쟁은 2년간 지속되다가 두 나라가 소비에트 연방으로 편입돼 들어가면서 충돌이 일시 중단되었다. 물론 전쟁의 불씨는 제거되지 않고 그대로 남아서 때만 기다리고 있었다.

1991년, 소비에트 연방이 붕괴하면서 아르메니아와 아제르바이잔도 독립하여 국가를 건설했다. 곧 두 국가 사이에서 전면전이 발발했다. 1차 나고르노-카라바흐 전쟁이 일어나 3만 명 이상이 사망하고, 수십만 명의 아제르바이잔 난민이 발생하면서 전쟁은 끝났다. 1차 전쟁은 아르메니아가 인근 지역 일부를 장악하면서 사실상 아르메니아의 승리로 기록되었다. 그 뒤 몇 년 동안 두 나라는 휴전 협약을 위반했고, 아무런 문제도 해결되지 않은 채 불씨는 남아 있었다.

전쟁의 패배로 인해 이를 갈고 있던 아제르바이잔은 다시 전쟁을 시작했다. 2020년 9월 27일 새벽, 아제르바이잔 군대는 빠른 기습 공격을 실행했다. 2차 전쟁은 약 44일간 지속되면서 아르메니아에 엄청난 인적, 물적 피해를 주었다. 2차 전쟁에서는 아제르바이잔이 나고르노-카라바흐 주변의 빼앗겼던 영토와 인근 지역의 3분의 1을 되찾는 대승리를 거뒀다.

2023년, 러시아가 우크라이나와의 전쟁으로 혼란과 수렁에 빠진 가운데 아제르바이잔은 다시 나고르노-카라바흐를 봉쇄하기 시작했고, 결국에는 이 지역을 점령했다. 아르메니아 사람들 대다수를 추방했고, 2024년에 나고르노-카라바흐 공화국을 해체했다.

아제르바이잔이 승리할 수 있었던 이유는 두 가지이다. 첫째로 현대의 과학 기술을 최대한 활용했고, 둘째로 튀르키예와 이스라엘의 지원을 받았기 때문이다. 아제르바이잔은 튀르키예가 생산한 바이락타르 TB-2 전투 드론과 이스라엘에서 구매한 여러 모델의 폭격 드론을 전투에 사용했다. 드론은 아르메니아군과 나고르노-카라바흐군의 탱크와 방공 시스템을 파괴하는 데 놀라운 효과를 발휘했다.▶

또한 아제르바이잔은 당시 농업용으로 사용하던 소형 항공기 AN-2 여러 대를 무인 항공기로 개조해 '미끼 드론'으로 활용했다. 아르메니아군은 하늘에서 날아드는 AN-2 드론을 격추시키면서 아르메니아의 대공 시스템 위치를 노출시켰다. 이는 아제르바이잔이 의도한 전술이었다. 아르메니아의 대공 시스템 위치를 확인한 아제르바이잔은 튀르키예와 이스라엘에서 수입한 공격용 드론을 퍼부었다.

> "무인 시스템으로 승리한 첫 번째 전쟁."
> "아르메니아, 드론에 완패."

2020년에 일어난 2차 나고르노-카라바흐 전쟁을 부르는 말이다. 당시 국제 언론은 무시했지만, 2년 뒤에 벌어질 우크라이나 전쟁의 예고편이기도 했다.

2차 나고르노-카라바흐 전쟁은 드론을 무기로 본격적으로 사용하면서 지각변동을 일으켰다. 20년 동안 지속된 미국의 테러와의 전쟁 이래로 드론이 중요한 역할을 하고는 있었지만, 당시 드론은 수백만 달러의 값비싼 무기여서 쉽게 사용할 수 없었다. 너무 비싸서 전장에 배치하기조차 어려웠다. 하지만 나고르노-카라바흐 전쟁에서는 값싼 드론이 대량으로 사용되면서 새로운 드론 전쟁의 시대가 시작되었음을 보여주었다.

나고르노-카라바흐 전쟁에서 얻은 교훈은 우크라이나 전쟁에서 활용되었다. 우크라이나군은 튀르키예의 TB-2를 포함한 값싼 드론을 효과적으로 사용하여 많은 지역에서 화력의 우위를 가진 러시아군의 전진을 막았다. 이제는 우크라이나와 러시

우크라이나의 드론 공격을 받아 파괴된 모스크바 건물. (2023년 7월 31일)

아 양측이 공격과 감시를 위해 값싼 드론을 대량으로 사용하면서 전쟁의 모습이 변화되었다.

또한 나고르노-카라바흐 전쟁은 '소셜 미디어'가 전장에서 전례 없는 역할을 한 초현대적 전쟁이었다. 아르메니아인과 아제르바이잔인은 소셜 미디어에서도 전쟁을 벌였다. 이는 앞으로 다가올 미래의 전쟁상이기도 하다. 2년 뒤에 벌어진 우크라이나 전쟁에서도 드론 카메라나 스마트폰을 통해 엄청난 양의 전투 영상이 전 세계에 공개되었다. 이를 통해 사람들은 전쟁터에서 무슨 일이 일어나고 있는지 알 수 있었다.

한편, 소셜 미디어를 통해 무분별하게 정보가 퍼지면서 역효과를 낳기도 했다. 이스라엘 하마스 전쟁에서 과거와는 달라진 보도 방식으로 인해 분쟁에 대해 가능하면 객관적으로 기사를 쓰려는 기자들이 소셜 미디어에서 종종 공격을 받는 일이 일어났다.

아르메니아의 경우도 마찬가지였다. 휴전 협정에 서명한 '니콜 파시냔' 아르메니아 총리는 나라를 팔아먹었다는 비난을 받으며 대규모 시위에 직면했다. 당시 많은 아르메니아인들은 휴전 협정에 서명하기 전까지도 아르메니아가 전쟁에서 졌다는 현실을 믿지 않았다. 그들은 아르메니아가 전쟁에서는 이겼지만, 정부 지도자들이 서방의 이익에 봉사하는 배신자들이어서 아제르바이잔에게 나라를 팔아먹었다고 믿고 있었다.

출처 및 참고 자료

▶ 29쪽, 독일방송 DW, 마리우폴 TV 대표, 2022년 3월 24일

▶ 31쪽, 독일방송 DW, 간호사, 2022년 3월 24일

▶ 32쪽, 독일방송 DW, 국제인도주의 조직, 2022년 3월 24일

▶ 50쪽, 마셜 플랜 지원금, 위키백과

▶ 54쪽, EVA's Values and Attitudes Survey, 2022년

▶ 55쪽, PEW RESEARCH CENTER 보고서, 2022년 6월

▶ 116쪽, '임브레이스 더 미들 이스트', 2024년 5월 7일

▶ 118쪽, 〈타임〉, 2024년 10월 15일

▶ 129쪽, 유엔 팔레스타인 난민기구(UNRWA) 보고서, 'top 20 overall Donors', 2008년

▶ 137쪽, 〈로이터통신〉, 2024년 1월 6일

▶ 143쪽, Medical Aid for Palestinians(MAP), 2024년 6월 26일

▶ 151쪽, 〈Jerusalem Post〉, 2023년 7월 29일

▶ 163쪽, SIPRI(STOCKHOLM INTERNATIONALPEACE RESEARCH INSTITUTE) Yearbook, 8쪽 세계 국방비, 2024년

▶ 165쪽, SIPRI(STOCKHOLM INTERNATIONALPEACE RESEARCH INSTITUTE) Yearbook, 10쪽 무기시장 자료, 2024년

▶ 168쪽, 〈Defence News〉, Germany clinches $8 billion purchase of 35 F-35 aircraft from the US, 2022년 12월 15일

▸ 168쪽, Reuters, Finland orders 64 Lockheed F-35 fighter jets for $9.4 bln, 2021년 12월 11일

▸ 171쪽, 〈Global Defence News〉, Ukraine deploys thousands of Lithuanian anti-drone systems, 2023년 10월 12일

▸ 173쪽, Center for Strategic and International Studies, Report Title:COMBINED ARMS WARFARE AND UNMANNED AIRCRAFT SYSTEMS, 2022년

사진

11쪽, 제1차 세계대전의 서부 전선, 위키미디어 코먼스

14쪽, 제2차 세계대전, 위키미디어 코먼스

20쪽, 마리우폴을 탈출하는 우크라이나 난민, 셔터스톡

24쪽, 폭격 맞은 마리우폴 거리, 위키미디어 코먼스

27쪽, 아조우스탈 제철소에서 포로가 된 우크라이나 군인들, 위키미디어 코먼스

30쪽, 피난 가는 마리우폴 주민들, 연합뉴스

33쪽, 마리우폴 어느 병원 밖에 방치된 시신, 연합뉴스

36쪽, 크림반도 합병 조약 서명식, 위키미디어 코먼스

46쪽, 황금문, 셔터스톡

50쪽, 마셜 플랜 식별 표지, 셔터스톡

54쪽, 키이우 지하철역으로 대피한 사람들, 연합뉴스

57쪽, 체코슬로바키아를 침공한 소련, 미국 중앙정보국(CIA)

60쪽, 도네츠크 도로에 박힌 포탄, 연합뉴스

65쪽, 바티칸 스위스 근위대, 셔터스톡

70쪽, INF조약 서명식, 연합뉴스

72쪽, 러시아 이스칸데르-M 미사일, 연합뉴스

77쪽, 나가사키 버섯구름, 미국 국립 기록 보관소

77쪽, 원자폭탄이 떨어진 일본 히로시마, 셔터스톡

82쪽, 북한 전략 순항 미사일 발사 훈련, 연합뉴스

84쪽, 리비우의 우크라이나 난민, 셔터스톡

지도

52쪽, 나토(NATO) 회원국 현황, 나토(NATO)

74쪽, 2022년 2월 추정 핵무기 보유 현황, 외신종합

103쪽, 2025년 1월 기준 브릭스 가입 국가, 브릭스

107쪽, 이스라엘과 친이란 주요 무장 단체, 전략국제문제연구소(CSIS) 등

121쪽, 이슬람 국가 종파 분포, 연합뉴스

151쪽, 가자 지구·서안 지구, SBS뉴스